Mitología Griega

Cuentos del panteón griego

Adam Andino

Contenido

Introducción

Imagina que vives en la Antigüedad y tienes que encontrarle sentido al mundo. Parece que todo quiere matarte y no sabes por qué. La solución, por supuesto, es contar una historia. Esto fue lo que hicieron los antiguos griegos, de una forma tan bella e intrincada que aún hoy nos cautiva. Lo que hoy conocemos como mitología era para ellos su religión y la base misma de su sociedad. Los narradores de estas historias eran considerados bendecidos por las Musas. Las historias que contaban eran susurros de las Musas sobre las aventuras de los dioses. Cada cuento proporcionaba una guía y una visión de lo que ocurría en la cima del Olimpo. Eran fuente de inspiración e instrucción, y proporcionaban esperanza, desesperación, advertencias, explicaciones y, sí, incluso entretenimiento.

Las historias de la Antigua Grecia eran representaciones de múltiples aspectos de la humanidad y de su percepción del mundo. Los dioses no eran seres perfectos: amaban, odiaban y actuaban como lo harían los humanos. Eran espejos divinos de los deseos humanos. La mitología griega se centraba en doce dioses principales, cada uno de los cuales representaba un aspecto de la naturaleza. Había dioses del trueno, del agua, de la muerte, de la vida, de la fertilidad y muchos más. Aparte de los doce olímpicos, los griegos creían y adoraban a muchos otros dioses. Sus filósofos (Platón, Sócrates, Aristóteles...) son prueba de su deseo de explorar y explicar los fenómenos naturales. Como resultado de este deseo de ser uno con su entorno y comprenderlo, decenas de dioses y espíritus surgieron de su imaginación. Gran parte de estas historias eran orales, aunque posteriormente los griegos intentaron plasmarlas por escrito. Es interesante señalar que en la sociedad griega había quienes consideraban estas historias un entretenimiento exagerado. Sin embargo, la gran mayoría incorporaba los cuentos a su vida cotidiana y a sus creencias espirituales. Se creía que sostener opiniones ateas o agnósticas era un sacrilegio, y el incrédulo sería castigado severamente por los dioses.

La religión era una actividad profundamente personal y cotidiana en la Antigua Grecia. La Iglesia y el Estado eran una misma cosa. Todos los aspectos de la vida estaban influidos por los dioses, que intervenían regularmente en la vida humana. Creían que los dioses amaban, exigían y respondían a la adoración. Por ello, construían templos y lugares sagrados, sacrificaban animales y ofrecían libaciones (es decir, vertían una bebida, normalmente alguna forma de alcohol, como ofrenda a sus dioses). Festivales, competiciones artísticas y eventos deportivos servían para honrar a los dioses y evocar sus favores. Durante estos acontecimientos, se prohibía la guerra y se garantizaba el paso seguro a todos. Muchas ciudades tenían dioses protectores. Por ejemplo, Atenea era el dios protector de Atenas y Apolo el de Delfos. Se creía que algunos lugares tenían una profunda conexión espiritual con los dioses. Como resultado, estos lugares eran visitados tanto por la realeza como por los campesinos. Sus sacerdotes gozaban de gran estima y un viaje a estas zonas se consideraba una peregrinación.

Se creía que los dioses tenían representantes en forma de sacerdotes, oráculos y asistentes. Los griegos buscaban a estos representantes para que realizaran ritos y otorgaran la sabiduría y el mandato de los dioses. Los griegos creían que se podía ver el futuro mediante el uso del augurio. A menudo se examinaban las entrañas de los animales sacrificados, como cerdos, cabras, ovejas y vacas, para conocer los acontecimientos venideros. El sexo de los animales era siempre el mismo que el del dios al que se invocaba u honraba. Es interesante señalar que, a pesar del limitado papel de las mujeres en la sociedad griega, también podían ser sacerdotisas. Sin embargo, su selección dependía de su virginidad y de si habían pasado la menopausia. Mientras que los sacerdotes realizaban las ceremonias, el discurso teológico sobre los dioses era competencia de los funcionarios de la ciudad.

Aunque muchos practicaban un culto público y formal, el culto personal era igual de importante para los antiguos griegos. El suelo de la chimenea -llamado hogar- se consideraba sagrado y las personas ofrecían regalos, incienso, vino, flores y comida para honrar al dios elegido. Los que disponían de medios realizaban sus propios sacrificios de animales en lugares personales. Se creía que las órdenes de los dioses podían encontrarse en las conversaciones habituales y en el comportamiento de los animales. Grupos enteros tenían ritos que sólo ellos conocían, y se creía que la realización de estos ritos otorgaría dones especiales a los ejecutantes. Los ritos se practicaban en diversas ocasiones, como antes y durante la guerra, al emprender un viaje, en los matrimonios y en la mayoría de edad, por nombrar algunas.

La religión formaba parte de la sociedad griega. Se reflejaba en sus actos cotidianos, en los que honraban y buscaban la ayuda de sus numerosos dioses, en especial los doce dioses principales del Olimpo. Las historias de estos dioses se convirtieron en una guía para los antiguos griegos y en una fuente de fascinación y entretenimiento para la sociedad moderna.

Capítulo 1: Los dioses del Olimpo

Los doce dioses principales del panteón griego eran el centro de la mitología griega. Se creía que estos dioses residían en la montaña más alta de Grecia: El Olimpo. Se cuentan historias sobre su ascenso al poder y sus relaciones con mortales y monstruos. Los dioses bendecían, maldecían y creaban. Eran caprichosos y mostraban los mismos deseos y emociones que la humanidad.

Aunque en la mayoría de los relatos sólo se habla de doce dioses olímpicos, en este capítulo se enumeran catorce. Hades es el decimotercer dios de la lista, a pesar de no ser considerado olímpico. En lugar de vivir en la cima del Olimpo, Hades reside en el Inframundo, del que es el soberano. Y la razón de que haya un decimocuarto dios en esta lista es que, dependiendo de la fuente a la que nos refiramos, algunas historias nombran a Hestia como olímpica, mientras que otras incluyen a Dioniso en su lugar.

A la cabeza de los olímpicos estaba Zeus, padre de los dioses y dios del trueno. A pesar de ser el último hijo de sus padres (Rea y Cronos), Zeus era el primero de los dioses. A menudo se le describe sosteniendo un rayo en la mano derecha y un águila posada en la izquierda. También lleva un cetro real. A veces se le representa portando un enorme escudo y una corona de hojas de roble. Tiene una barba y una figura señoriales y parece un hombre bien entrado en años. El Padre de los Dioses también es considerado el Señor del Cielo y de la Justicia, con control sobre el clima, el destino y la realeza. También se creía que Zeus era el feroz gobernante y protector de dioses y hombres. Es hermano de Hera, Deméter, Hades, Hestia y Poseidón, y padre del resto de dioses olímpicos. Zeus obtuvo el dominio del cielo después de que se echara a suertes entre él y sus hermanos Hades y Poseidón.

Zeus también está casado con Hera. Sin embargo, hay muchas historias de infidelidad hacia ella. Abundan las historias de Zeus que adopta muchas formas diferentes para emparejarse con humanos y otros seres sobrenaturales. Sus hijos nacidos de mujeres mortales eran considerados semidioses. Estos hijos llevaron a cabo grandes actos. Además de los principales dioses y semidioses que engendró, Zeus también tuvo a las Musas, las Tres Gracias, las Diosas de las Estaciones y las Parcas. Su constante infidelidad a Hera provocó constantes luchas entre ambos. Zeus hacía todo lo posible por ocultarle sus actividades amorosas.

También se dice que Zeus tuvo seis esposas antes de Hera. Metis (a la que más tarde se tragó), Temis, Eurínome, su otra hermana Deméter, Mnemosine y Leto. Todas estas mujeres le dieron hijos poderosos.

Los habitantes de la antigua Grecia veneraban y temían a Zeus y le pedían que protegiera sus hogares, familias y propiedades. Zeus era omnipotente y podía lanzar su rayo desde el Olimpo para golpear a los culpables en cualquier parte del mundo. Su orgullo y su naturaleza insensible llevaron a Hera y a otros dioses a liderar una efímera rebelión contra él. Zeus castigó a los disidentes con rapidez y brutalidad.

Hera

Conocida como la Reina de los Dioses, Hera está asociada con el matrimonio, las mujeres y la fertilidad. A menudo se la representa modesta, matrona, bella y solemne. La vaca, el cuco y el pavo real se consideran sagrados para ella. Se suele invocar a

Hera para que ayude y proteja a mujeres y niños. Su protección se extiende especialmente a las parturientas. Curiosamente, los eruditos creen que su verdadero nombre es desconocido, ya que "Hera" se traduce como "Señora" o "Ama". A pesar de ser la madre de los dioses, a veces se dice que es virgen. Esto se debe a la creencia de que restaura su virginidad cada año bañándose en un manantial.

Su matrimonio con su hermano menor se produjo mediante un engaño. Se dice que Zeus se transformó en un cuco herido y se presentó ante ella. El profundo amor de Hera por los animales la llevó a coger al "animal" y estrecharlo contra su pecho para mantenerlo caliente. Zeus retomó entonces su verdadera forma y se acostó con ella. Hera, avergonzada por haber sido engañada, aceptó casarse con él. A pesar de cómo empezó su matrimonio, Hera fue profundamente fiel a su marido. Era extremadamente celosa y castigaba tanto a las mujeres que Zeus cortejaba como a los hijos que pudieran resultar de su infidelidad. Se cuentan muchas historias de ella acechándolo y persiguiéndolo para atraparlo en el acto del engaño. Mientras Zeus se sentía libre para cortejar a otras mujeres, castigaba a cualquiera que intentara entablar una relación íntima con Hera. Como resultado, a pesar de su gran belleza, no fue cortejada por nadie más que por su marido.

A menudo se representa a Hera con una fuerte personalidad. No teme oponerse a su marido. De hecho, conspiró con Poseidón, Atenea y otros dioses para drogar a Zeus y robarle el rayo. Como castigo, fue colgada del cielo con cadenas de oro hasta que prometió no volver a rebelarse contra Zeus.

Se dice principalmente que Hera tuvo cuatro hijos con su marido: Ares, Hefesto, Eileitia y Hebe. Sin embargo, el número varía de tres a diez según el relato.

Deméter

Se creía que Deméter era la diosa de la agricultura. También se la consideraba diosa del nacimiento, la salud y el matrimonio en el inframundo. Su nombre indica que se la consideraba una figura materna. Los cambios de estación se atribuyen a sus sentimientos por su hija con Zeus, Perséfone. Se cuenta que su hija fue secuestrada y llevada al inframundo por Hades. Al enterarse de la noticia, Deméter va en busca de su hija. Su dolor era tan grande que la tierra se volvió estéril. Zeus acabó interviniendo, ya que la humanidad sufría y pedía ayuda mientras sus cosechas morían. Mientras tanto, Perséfone comió unos granos de granada que le había dado Hades y, al hacerlo, tuvo que pasar la mitad del año con Deméter y la otra mitad con Hades en el Inframundo. Se dice que la primavera y el verano reflejan la alegría de Deméter por tener a su hija con ella, mientras que el otoño y el invierno muestran su dolor por el tiempo que su hija está atrapada en el Inframundo.

Deméter suele ser representada como modesta, matrona y regia. Lleva una cornucopia y una corona de flores. A veces aparece en un carro con su hija. Ambas portan trigo, espigas, cetros y antorchas. El festival, Thesmophoria, es una celebración exclusivamente femenina. También se le atribuye haber enseñado a los hombres a cultivar y utilizar el maíz. Dos animales sagrados para ella son la serpiente y el cerdo.

A pesar de ser consorte de Zeus, se dice que Deméter tuvo otros amantes y les dio hijos.

Poseidón

Poseidón es generalmente conocido como el dios del mar. También se le consideraba el dios de los caballos y los terremotos. Se le consideraba violento, temperamental, codicioso, vengativo y de sangre caliente. Poseidón aparece representado como Zeus y portando un tridente. Su grito es tan fuerte como el de diez mil hombres. También monta un carro tirado por caballos. Poseidón también es lujurioso y no siempre requería el consentimiento de las mujeres a las que favorecía. Al igual que Zeus, cambiaba de forma para seducirlas o tomarlas por la fuerza. A pesar de sus muchos devaneos, estaba casado con Anfitrite, una Oceánida (ninfa del mar).

La naturaleza de Poseidón a menudo lo ponía en oposición tanto con los dioses como con los hombres. Formó parte de la rebelión contra Zeus y fue enviado a servir a Laomedonte, un rey troyano. También se enfrentó a Atenea por la propiedad de Atenas. Se les encomendó la tarea de hacer un regalo a la ciudad de Atenas, y el regalo de quien fuera considerado el mejor ganaría la propiedad de la ciudad. Poseidón utilizó su tridente para golpear el suelo y crear un arroyo, mientras que Atenea creó un olivo. Atenea ganó el concurso.

Los marineros le rendían culto y cortejaban su favor antes de zarpar. Se dice que Poseidón podía provocar terremotos golpeando el suelo con su tridente. Este aspecto de su naturaleza le unía a la tierra, a pesar de ser un dios del mar. Se dice que tenía un palacio de corales y gemas, situado en el fondo del océano. Poseidón también engendró muchos caballos con varias mujeres.

Hestia

Hestia es la mayor de las Olímpicas y diosa del hogar. A diferencia de sus hermanas más temperamentales, se la considera de corazón puro y pacífica. Su deber era permanecer en el Olimpo y cuidar del fuego. Al igual que sus hermanas, se la representa como matrona y modesta. También se la suele representar con velo y bastón. Se la suele representar sosteniendo flores o junto al fuego. Su condición de diosa del hogar significaba su importancia en la cultura griega. Se la asocia con la hospitalidad, la felicidad y la comunidad, y recibe la primera y mejor de todas las ofrendas. Se le hacían ofrendas al principio y al final de cada comida, y el fuego debía apagarse ritualmente en su honor.

Hestia era adorada como una diosa virgen. Se dice que tanto Poseidón como Apolo querían casarse con ella. Para mantener la paz en el Olimpo, puso su mano sobre la cabeza de Zeus y juró permanecer virgen para siempre. En el panteón, Hestia suele sustituir a Dioniso.

Afrodita

Afrodita es conocida como la diosa del amor, la eterna juventud y la belleza. Existen historias contradictorias sobre si es tía o hermana de Zeus. Como su tía, su nacimiento fue el resultado de que Cronos cortara los genitales de su padre, Urano, y los arrojara al mar. Afrodita surgió de la espuma marina sobre la que cayó. Como su hija, se dice que es el resultado de su unión con la diosa Dione.

Se decía que la belleza de Afrodita era tan grande que todos los dioses la deseaban. Para evitar una guerra, Zeus la casó con el dios "feo", Hefesto. La unión no fue elección de Afrodita, que tuvo muchos amantes mortales e inmortales, como Hermes y Dioniso. Su amante más frecuente es Ares, dios de la guerra. Su hijo más famoso es Eros, más conocido en la mitología romana como Cupido, a quien enviaba a menudo a disparar flechas a dioses y hombres.

Afrodita suele representarse desnuda, con el rostro y la figura femeninos ideales. Se la considera a la vez deseable e inalcanzable. También se sabe que es vengativa y que castiga a las mujeres que se enamoran de Ares, que parecen más deseables que ella, y a los hombres y mujeres que intentan resistirse a su poder.

Hefesto

Hefesto es conocido como el dios del fuego y de los herreros. Se le considera feo. Existen dos historias sobre su nacimiento y su cojera. Una afirma que es hijo de Zeus y Hera, quien intervino en favor de su madre durante una disputa entre la pareja. Enfadado, Zeus lo arrojó desde el cielo, rompiéndole las piernas. La otra historia afirma que Hera concibió y dio a luz a Hefesto ella misma para vengarse de Zeus por haber tenido a Atenea. Horrorizada por su aspecto deforme, lo arrojó al mundo, rompiéndole las piernas. Fue rescatado y acogido por ninfas marinas hasta que reclamó su lugar en el Olimpo.

A pesar de su aspecto, Hefesto es conocido por fabricar cosas hermosas. Su fragua era un volcán y fabricaba muchas de las armas que empuñaban los dioses. Hefesto también creó sus casas y muebles y tenía ayudantes hechos de oro. Se le suele representar joven o en la madurez, con el pelo despeinado. También está casado con Afrodita.

Atenea

Atenea es conocida como la diosa de la sabiduría, el tejido y la guerra. Su nacimiento fue un poco inusual, incluso para los dioses. Se profetizó que la primera esposa de Zeus, Metis, daría a luz a un hijo que sería más poderoso que él. Para evitarlo, Zeus se tragó a su esposa. Sin embargo, Metis ya estaba embarazada de Atenea. Un día, Zeus se quejó de un terrible dolor de cabeza. Su hijo, Hefesto, le golpeó la cabeza con un martillo y de ella surgió una Atenea adulta, vestida con armadura. Su grito fue feroz, y Zeus se llenó de orgullo. Era conocida como su favorita, tanto por su naturaleza feroz como por haberla engendrado él mismo.

A menudo se muestra a Atenea con armadura o vestida con un traje antiguo y portando un escudo con la cabeza de Medusa en el centro. Se la muestra severa, bella y autoritaria, con ojos grises. También se la representa portando una lanza y un casco de estilo corintio. A menudo lleva un búho sobre el hombro, lo que denota su papel de diosa de la sabiduría. También aparece con un huso en la mano, que representa su papel de diosa de la artesanía.

A pesar de ser la diosa de la guerra, Atenea no era sanguinaria. Por el contrario, creía en la solución de los problemas mediante la inteligencia y la diplomacia, siendo la guerra el último recurso. E incluso entonces, creía que la guerra sólo debía librarse por causas nobles y justas. Se la considera más poderosa que su hermano Ares, también dios de la guerra. Atenea también es conocida como la diosa virgen, ya que nunca se casó ni tuvo un amante.

Ares

Ares es conocido como el dios de la guerra. Es destructivo y cruel, y se dice que no es querido por nadie excepto por Afrodita. Sus propios padres, Zeus y Hera, lo detestaban. A diferencia de Atenea, se dice que Ares participa en guerras innecesarias y sangrientas. A menudo se le representa con casco y armas. Cabalga en un carro tirado por cuatro caballos y le acompañan buitres. Se dice que Ares es cobarde y que se indigna ante cualquier herida que recibe. Es el padre de las Amazonas y el principal amante de Afrodita. En los relatos, Ares suele aparecer humillado.

Artemisa

Artemisa es conocida como la diosa de la luna, la caza, la castidad y la naturaleza. También se la conoce por curar las enfermedades de las mujeres, proteger a los niños y ayudar en los partos. Es hija de Zeus y Leto, y hermana gemela mayor de Apolo. Artemisa protege ferozmente a su gemela. Se dice que Hera, celosa, maldijo a su madre para que nunca diera a luz en tierra. Leto dio a luz en una isla flotante y cuando Artemisa nació, ayudó en el nacimiento de su hermano.

Artemisa es uno de los dioses más queridos y respetados. Se la representa como una joven cazadora, con un arco y un perro de caza a su lado. En su papel de diosa de la luna, lleva una corona de luna creciente y una larga túnica. Cuando aún era joven, pidió a Zeus poder conservar su virginidad para siempre. Se convirtió en una feroz protectora de su virginidad y la de sus sacerdotisas. Los dioses también protegían su virginidad y atacaban a cualquiera que se atreviera a tocarla cuando ella no podía defenderse.

Apolo

Apolo es conocido como el dios del sol, la profecía, la curación, las artes, el conocimiento, la belleza, el orden, las plagas, la agricultura y el tiro con arco. Es el gemelo más joven de Artemisa. Apolo es considerado el espécimen perfecto de la masculinidad. A menudo se le representa joven y atlético, con una corona de laurel y portando un arco y una flecha o una lira. Apolo se convirtió en el dios de la música después de que su hermano, Hermes, le robara el ganado. Como disculpa, Hermes le regaló la lira, que él (Hermes) había inventado.

A Apolo se le atribuye haber enseñado a los hombres el arte de curar. También se le concedió el don de la profecía debido a su fidelidad, honestidad e integridad. Tuvo muchos amantes, hombres y mujeres, aunque sus aventuras solían acabar en tragedia.

Hermes

Hermes era conocido como el dios mensajero y el dios de los ladrones, los rebaños, los viajeros, los atletas y el comercio. Es hijo de Zeus y de la ninfa Maia. Se decía que pocos días después de su nacimiento, Hermes inventó la lira. Luego salió y robó las vacas de su hermano Apolo y cubrió sus huellas. Sin embargo, Apolo le dio caza y le cambió la lira por las vacas. Se le conoce por ser rápido e inteligente y se le considera un dios embaucador. También es el único de los doce olímpicos que puede viajar libremente entre la tierra de los vivos y la de los muertos. A Hermes también se le considera un guía en el inframundo. Se dice que Hermes inventó el habla. Los dioses le adoraban y varios de ellos le enseñaron a cazar y a tocar la flauta. A menudo acompañaba a Zeus en sus citas, entregaba mensajes a sus amantes y le cubría ante Hera.

Hermes es representado como un joven atlético con sandalias aladas. Lleva un sombrero de ala ancha y un caduceo (dos serpientes enroscadas alrededor de un bastón corto y alado). Hermes aparece en muchos relatos como mensajero de los dioses y guía de los héroes.

Dionisio

A veces se llama a Dioniso el "dios de la fiesta". Es el dios del vino y la fertilidad. Dioniso suele sustituir a Hestia en el panteón griego. Es hijo de Zeus y Sémele, una mujer mortal. Zeus se le apareció a Sémele como una entidad invisible, y ella aceptó su afecto. Sin embargo, Hera la engañó para que viera la forma de Zeus. Semele, embarazada, convenció bajo juramento a Zeus para que se revelara, pero cuando lo hizo, su gloria la convirtió en cenizas. Zeus cogió el feto y se lo cosió al muslo hasta que Dioniso maduró lo suficiente para nacer. Más tarde, Dioniso fue asesinado por los Titanes, que lo despedazaron por orden de Hera. Sin embargo, su abuela Rea lo resucitó y Zeus lo escondió entre las ninfas de las montañas.

Dioniso vagó por la tierra, enseñando a los hombres el vino. Le acompañaban unas mujeres salvajes llamadas Ménades. Sus seguidores entraban a menudo en un estado de éxtasis religioso y locura. Dioniso era adorado junto a Deméter como uno de los principales dioses de la tierra. Se le representa como un joven semidesnudo (o desnudo) con rasgos femeninos. Dioniso fue el último dios en unirse al panteón griego. Se casó con la princesa mortal Ariadna.

Hades

Hades es conocido como el dios del Inframundo. También se le conoce como el dios de la riqueza, ya que se desenterraban gemas y metales preciosos del suelo. No se le considera uno de los dioses olímpicos, pero sí hermano de Zeus y los demás. Los antiguos griegos veían a Hades con reverencia y terror. Se dice que rara vez abandona el Inframundo y que es uno con su reino. Se le representa como una figura barbuda y lúgubre que lleva un casco y un arma de dos puntas llamada bidente. Ocasionalmente, lleva las llaves de su reino o un bastón y monta un carro. Cerbero (el perro de tres cabezas que guarda la puerta del Inframundo) suele estar a su lado. En representación de su condición de dios de la riqueza, también suele aparecer portando una cornucopia.

El papel de Hades en el juicio y el castigo era de supervisión. La tortura la llevaban a cabo criaturas llamadas furias. Al igual que Hestia, su naturaleza difiere de la de sus hermanos. Es distante y no se deja convencer por el sacrificio. Su personalidad era tan inmóvil como la muerte. Los antiguos griegos llamaban a Hades "el otro Zeus". Creían que todos los hombres acababan sirviéndole en su reino. Hades rara vez interfería en la tierra de los vivos y protegía celosamente a sus muertos. Aunque defendía sus derechos, se enfurecía fácilmente si alguna de sus almas intentaba escapar o ser rescatada por otros.

Los griegos le temían y a menudo se referían a él por su reino. Se le representaba en muy pocas obras de arte e historias. La historia más famosa sobre él es aquella en la que se enamoró y raptó a su esposa, Perséfone.

Capítulo 2: Hombres y monstruos

La mitología griega está plagada de historias de héroes, pecadores, brujas y monstruos. Todas estas entidades están fuertemente influenciadas por los dioses. Los hijos de los dioses llevaron a cabo grandes hazañas y grandes crueldades. Por sus esfuerzos, eran recompensados o condenados.

Heracles

Heracles está considerado el héroe griego más poderoso. Durante mucho tiempo se le ha considerado un ejemplo de fuerza, valentía y masculinidad. Según la mitología griega, sus hazañas, su dedicación y sus triunfos a pesar de la oposición le valieron un lugar entre los dioses. A pesar de las opiniones positivas sobre este aspecto de su personalidad, Heracles es descrito como una persona impulsiva y de mal genio. Su fuerza sobrehumana se atribuye a Zeus, su padre. Por sus venas también corría la sangre del héroe Perseo a través de su madre, Alcmena (nieta de Perseo). Ser hijo de Zeus también le llevó a ser objetivo de Hera. La celosa diosa intentó muchas veces destruirlo incluso antes de que naciera. La historia más importante de Heracles es la de los doce trabajos que se le ordenó realizar como castigo por matar a su primera mujer y a sus hijos. Más adelante hablaremos de esa historia.

Perseo

Perseo está considerado uno de los héroes más antiguos de la mitología griega. Se dice que era hijo de la princesa Dánae y de Zeus. Se dice que mientras Dánae dormía, Zeus se le apareció en una lluvia de oro y se acostó con ella. El joven semidiós creció en relativa paz hasta que un rey quiso deshacerse de él para quedarse con la madre de Perseo. A Perseo se le atribuye haber matado a Medusa con la ayuda de Atenea y Hermes. También se dice que creó las montañas del Atlas convirtiendo al gigante Atlas en piedra.

Aeacus

Aeacus es considerado uno de los tres jueces del inframundo. Sin embargo, este papel fue asumido tras su muerte. En su vida mortal fue rey de Egina. Se dice que era hijo de Zeus y de la hija de un dios del río llamada Egina. Zeus llevó a Egina a una tierra deshabitada, que más tarde fue bautizada en su honor, donde dio a luz a Eaco. Una versión de la historia afirma que la isla carecía de hombres por naturaleza, mientras que la otra culpa a Hera de haber ahuyentado a los hombres con una plaga. Sea cual fuere la causa, Zeus convirtió a todas las hormigas en hombres, dando lugar a la raza de los mirmidones.

Eaco fue alabado por su pueblo como un rey justo y equitativo. Tanto dioses como hombres de toda Grecia buscaban su consejo. Su juicio era muy respetado. Por eso, cuando murió, siguió juzgando en el Inframundo.

Aquiles

El guerrero Aquiles era hijo del mortal Peleo -un rey mirmidón- y de la ninfa del agua Tetis. Tetis, en un intento de hacer invencible a Aquiles, lo sumergió en el río Estigia. Sin embargo, para ello lo sujetó por el talón. Como resultado, todo su cuerpo era invencible excepto el talón, que se convirtió en su único punto débil. Esta historia dio lugar a que esta parte del cuerpo recibiera el nombre de "tendón de Aquiles", término que se sigue utilizando hoy en día. Aquiles creció oculto al mundo y disfrazado de niña durante sus años de formación. Sin embargo, acabó uniéndose a la guerra de Troya, luchando del lado del rey griego Agamenón.

Durante gran parte de los diez años que duró la guerra, Aquiles fue un factor decisivo. Saqueó muchas ciudades y mató al príncipe troyano Troilo. Esto fue importante para los griegos, ya que se había profetizado que la ciudad de Troya caería si el príncipe moría antes de cumplir 20 años. Sin embargo, Aquiles se apartó de la guerra durante un tiempo ya que el rey Agamenón le insultó llevándose a su amante recién capturada. Los griegos sufrieron en la batalla debido a esto, y tanto el rey como su amigo le rogaron que se reincorporara a la guerra. Aquiles se negó hasta que recibió la noticia de que su amigo había muerto en combate. Aquiles, afligido y furioso, volvió a la batalla. Sin embargo, Apolo interfirió, enviando la flecha del príncipe Paris (el responsable del inicio de la guerra) directamente al talón de Aquiles. El golpe mató al poderoso guerrero.

Héctor

Héctor era el príncipe heredero de Troya y su mejor guerrero. Estaba en contra de la guerra de Troya e intentó negociar la paz con los griegos. Sin embargo, sus esfuerzos fueron en vano. Se decía que era un buen hombre, hijo, padre, esposo y príncipe. También se decía que era amado por Apolo. Héctor era conocido por luchar con valentía y mostrar respeto a sus oponentes. Por desgracia, enfureció a Aquiles después de matar a Patroclo, el amigo de Aquiles. Se batieron en duelo y Héctor se asustó y huyó. Sin embargo, finalmente decidió volverse y enfrentarse a su destino. Aquiles lo mató y arrastró su cuerpo detrás de su carro durante doce días. Finalmente, los troyanos lo reclamaron y lo enterraron con honor.

Teseo

Teseo, uno de los primeros reyes de Atenas, fue un héroe poderoso. Se le consideraba un defensor valiente y justo, el epítome de un hombre de Atenas. Aunque está claro que su madre era la princesa Aethra, existe cierta controversia sobre quién era su verdadero padre. Aunque se aceptaba que era hijo del rey Egeo de Atenas, también se decía que era hijo de Poseidón. Teseo es famoso sobre todo por derrotar al minotauro del laberinto.

Jasón

A diferencia de muchos héroes de la mitología griega, Jasón no era un semidiós. Era hijo del rey Aesón y la reina Alcimede. Sin embargo, su medio tío Pelias le robó el trono. Para mantenerlo a salvo, Jasón fue enviado a vivir aislado. A diferencia de los héroes hijos ilegítimos de Zeus, Jasón contó con la ayuda de Hera. Ella lo guió durante su búsqueda para recuperar el vellocino de oro. La misión le había sido encomendada por su tío, que temía a Jasón debido a una profecía que le decía que tuviera cuidado con alguien que coincidiera con la descripción de Jasón. El viaje de Jasón contó con la ayuda de un grupo de hombres y mujeres valientes llamados los Argonautas. Uno de ellos era el héroe Heracles. Partieron en barco y superaron muchos obstáculos para alcanzar su premio.

Odiseo

Odiseo es el héroe del famoso relato épico de Homero, la Odisea. Al igual que Jasón, nació de padres mortales, Laertes y Anticlea. Odiseo era valiente, ingenioso, astuto, carismático y sabio. Era conocido como orador elocuente, estratega magistral y embaucador. Sin embargo, su astucia resultó ser su perdición. Odiseo se presentó como uno de los muchos pretendientes de Helena de Troya. Tras perder la esperanza de conquistarla, le dio una solución a su padrastro sobre cómo mantener la paz entre sus pretendientes. Le dijo al rey -el padrastro de Helena- que hiciera jurar a cada pretendiente que protegería al elegido para ser el marido de Helena.

Cuando Helena fue robada, Odiseo fue llamado a luchar como uno de sus antiguos pretendientes. Sin embargo, Odiseo era feliz con su esposa, Penélope. También era consciente de una profecía que decía que pasaría por muchas pruebas y estaría ausente durante muchos años. Intentó escapar del reclutamiento fingiendo locura, pero fue descubierto. Finalmente, aceptó unirse a la guerra. Odiseo demostró ser un formidable estratega militar y obtuvo buenos resultados durante la batalla.

Por desgracia, el viaje de vuelta a casa duró diez años. Durante ese tiempo, enfureció a Poseidón, se encontró con una bruja y vivió muchas aventuras peligrosas. Cuando regresó a casa, veinte años después de su partida, encontró a su esposa acosada por pretendientes. Odiseo los mató a todos y recuperó su trono.

Orfeo

Orfeo era hijo del rey Oegrus de Tracia y de la musa Calíope. La sangre de su madre hizo de él un hábil y famoso poeta, músico y profeta. Dominó la lira bajo la tutela de Apolo. Era tan hábil que la naturaleza bailaba al son de su música. Orfeo fue uno de los argonautas y su música les salvó de las sirenas. Más tarde conoció a Eurídice y se casó con ella. Por desgracia, ella se metió en un nido de víboras y murió mordida. Orfeo no pudo aceptar su muerte y viajó a los infiernos tocando su música durante todo el viaje. Encantó a Caronte y durmió a Cerbero. Perséfone estaba encantada con su devoción y su música y convenció a Hades para que le diera una oportunidad de rescatar a su esposa. Hades aceptó con la condición de que Orfeo sacara a Eurídice del inframundo sin mirar atrás. Por desgracia, Orfeo cedió a la tentación y Eurídice fue devuelta al inframundo. Orfeo se vio obligado a vivir sin ella, pero finalmente se reunieron tras su muerte.

Quirón

Quirón era hijo de un titán, el primer centauro y hermanastro de Zeus. Su padre, Cronos, fue infiel a su esposa Rea y se acostó con la ninfa Filira. Para escapar de la ira de Rea, Cronos se transformó en caballo. De este modo, Quirón nació mitad hombre y mitad caballo. A diferencia de los demás centauros, sus patas delanteras eran humanas. También era amable, culto y civilizado, mientras que otros centauros eran violentos y propensos a la indulgencia. Quirón era famoso por su sabiduría y su capacidad para enseñar. Fue tutor de héroes como Heracles, Aquiles y Jasón. Perdió su inmortalidad cuando Heracles le disparó accidentalmente una flecha envenenada. Sangrando y sufriendo, renunció a su inmortalidad para liberar a Prometeo a petición del mismo estudiante que le disparó.

Caronte

Caronte era conocido como el barquero de los muertos e hijo de Nyx y Erebus. Se decía que cuando Hermes recogía las almas de los muertos, las escoltaba hasta los ríos Aqueronte y Estigia. Caronte las transportaba al inframundo. Cobraba a cada alma una moneda por transportarla. Los antiguos griegos se aseguraban de dejar esta moneda con sus muertos, ya que se creía que Caronte se negaba a transportar a quien no pudiera pagar su tarifa. Estas personas vagaban por el mundo como fantasmas. Se dice que Caronte es muy feo, con la nariz torcida y barba. Lleva un sombrero cónico y a menudo se le representa dirigiendo su barca.

Prometeo

Prometeo es hijo del titán Iapeto y de la ninfa Clímene. Era conocido como el dios del fuego y el primer y último embaucador. Era muy inteligente y un artesano. En la lucha entre los olímpicos, Prometeo se unió a los dioses más jóvenes e ideó el plan que condujo a la derrota de los titanes. Sin embargo, más tarde desafió a los dioses y dotó al hombre del conocimiento del fuego. Como castigo, Zeus lo encadenó e hizo que un águila se diera un festín con su hígado, que se regeneraba constantemente. Finalmente fue liberado por Heracles e hizo las paces con Zeus.

Atlas

Atlas era hermano de Prometeo e hijo de Iapeto y Clímene. Fue el líder de la rebelión de los Titanes y fue castigado por Zeus a sostener el cielo para siempre. Heracles lo liberó brevemente de esta obligación y lo engañó para que volviera a sostener el cielo sobre sus hombros. Finalmente, el héroe Perseo utilizó la cabeza de Medusa para convertir a Atlas en piedra. Se le conoció como el monte Atlas.

Tifón

El hijo de Tártaro y Gea era un ser temible y el padre de todos los monstruos. Se le describe como tan alto como para tocar las estrellas, y su torso era humano. Tifón tenía cien piernas y brazos de víbora, y cabezas de dragón. Sus ojos brillaban en rojo y tenía cientos de alas. Su cabeza humana tenía orejas puntiagudas y una barba enmarañada. Tifón tenía la piel negra y estaba completamente sucio. Se decía que algunas de sus cabezas eran de diferentes animales, como toros y jabalíes. Las espirales de sus manos se extendían de este a oeste y de su boca salía fuego. A veces se atribuye su nacimiento a Hera, de quien se dice que quería crear un ser más poderoso que Zeus. Sin embargo, Tifón fue derrotado por Zeus y arrojado al Inframundo.

Se casó con Equidna, y juntos tuvieron varios hijos, entre ellos la Esfinge, Cerbero, Hidra y Quimera. A Tifón se le asocia con las fuerzas volcánicas y los vientos peligrosos.

Equidna

Se describía a la esposa de Tifón como una mujer en la parte superior del cuerpo y una serpiente en la inferior. Los orígenes de Equidna son confusos. Algunos afirman que era hija de Gea y Tártaro, mientras que otros dicen que sus padres eran Ceto y Forcis. A Equidna se la asociaba con la corrupción (podredumbre, enfermedad, aguas fétidas, fango) de la tierra. Nació y creció en una cueva y se alimentaba de los viajeros. Tanto Equidna como su esposo, Tifón, eran objeto de terror y temor por parte de los antiguos griegos.

Las sirenas

Las sirenas son hijas de una musa y de Aqueloo, el dios del río. Se las describía como una combinación de mujeres y pájaros. Tenían rostro humano y cuerpo de ave. Su transformación de ninfas a aves se atribuye a Deméter. Un relato afirma que ayudaron a Deméter en su búsqueda de Perséfone y que, como recompensa, se les concedieron alas para volar. Otras historias sugieren que se transformaron en aves como castigo.

Las hermanas vivían en tres pequeñas islas rocosas, con los cadáveres putrefactos de sus víctimas esparcidos por todas partes. Cantaban a los marineros que pasaban por allí. Su canto era encantador, pero no era rival para las Musas, que ganaron un desafío de canto contra ellas y luego les arrancaron las plumas y las convirtieron en coronas. Se profetizó que morirían si un mortal sobrevivía a su canto. Los argonautas escaparon de ellas cuando el héroe Orfeo ahogó su canto tocando su música. Las sirenas sobrevivieron a este encuentro, pero fueron derrotadas por Odiseo, que hizo que sus marineros les taponaran los oídos con cera y lo ataran al mástil de su barco mientras navegaba frente a su hogar. Las sirenas se arrojaron a la muerte.

Capítulo 3: La creación de dioses y hombres

Como todas las religiones, los griegos tenían sus propias historias sobre cómo empezó el mundo. Para ellos, el universo que conocían surgió como resultado del nacimiento, el caos y la guerra.

En el principio

El mundo comenzó con la inmensa nada del Caos. Del Caos surgieron los dos primeros dioses primordiales, Erebus y Nyx. Ambos eran seres de oscuridad y silencio, pero de ellos surgieron Eros (el amor), Aether (el aire superior) y Hemera (el día). Sin embargo, todos temían a Nyx y la rehuían. Al no ser querida por nadie, salvo por su hermano, dio a luz a sus propios hijos para tener una familia que la amara. Los nombres de algunos de estos hijos fueron Thanatos (muerte), Ker (perdición), Geras (vejez), Hypnos (sueño), Oneiroi (sueños), Oizus (dolor) y varios más.

El Caos volvió a dar a luz a Gea, la tierra, y surgió el Tártaro, el inframundo. Por sí misma, Gea dio a luz a Urano (los cielos). La tierra y el cielo se unieron y dieron a luz a los doce Titanes, los tres Cíclopes y los tres Hecatónquiros. Pero Urano no amaba a sus hijos. Por el contrario, los aprisionó en lo más profundo del vientre de Gaia. Enfurecida, Gaia intentó incitar a sus hijos contra su marido. Todos, excepto el más joven, Cronos, estaban demasiado asustados. Cogiendo la gran hoz que su madre había fabricado, cortó los genitales de su padre cuando estaba a punto de acostarse con su madre. La sangre de la castración cayó sobre la tierra y produjo las Furias, las Ninfas del Fresno (las Melias) y los gigantes. Cuando sus genitales cayeron al mar, se dice que surgió Afrodita, la diosa del amor. Este acto separó el cielo y la tierra y Urano desapareció. Al marcharse, prometió que los Titanes pagarían un gran tributo por lo que Cronos había hecho.

Como nuevo gobernante del universo, Cronos encarceló a los Hecantoncheires y a los Cíclopes. Luego se casó con su hermana, Rea. Bajo su gobierno, los Titanes florecieron y se reprodujeron. De ellos surgieron las ninfas, los dioses de los ríos, el sol, la luna, el alba y muchos más. Pero las palabras de Urano no pudieron ser desmentidas. Se profetizó que Cronos sería asesinado por uno de sus hijos. Para evitarlo, Cronos se tragó a cada uno de sus hijos a medida que nacían. Hades, Hestia, Deméter, Hera y Poseidón fueron arrancados de su madre y devorados. Al igual que Gea, Rea se enfureció por lo que le habían hecho a sus hijos y buscó venganza. Se escondió cuando llegó el momento de dar a luz a su sexto hijo, Zeus, y lo dejó al cuidado de las ninfas. Entonces envolvió una piedra y se la dio a Cronos para que se la tragara. El dios lo hizo y se marchó, pensando que había evitado el desastre.

Criado por una ninfa y una cabra, Zeus se convirtió en un joven fuerte y buscó a Metis (sabiduría). Con su ayuda, ideó un plan para derrotar a su padre. Metis preparó un vino que provocaría el vómito del dios y Zeus se disfrazó de copero de su padre. Tras ganarse la confianza de Cronos, Zeus le pasó lo que Cronos creía que era su vino favorito. Cronos vomitó a Onfalos, conocido como el Ombligo, y a sus cinco hijos. En agradecimiento, estos niños reconocieron a Zeus como su líder a pesar de ser el más joven.

Pero la amenaza de su padre permanecía. Se había debilitado con la edad, pero buscó la ayuda de sus hermanos, los Titanes. Los Titanes temían a los nuevos dioses y se unieron contra ellos a las órdenes de Cronos. Se libró una amarga batalla durante más de una década, en la que los Titanes obtuvieron muchas victorias.

Esta guerra de diez años se conoció como la Titanomaquia. Los Titanes estaban liderados por Atlas y luchaban desde su hogar en el monte Othrys. Sin embargo, no todos estaban de acuerdo con el deseo del dios mayor de gobernar. Dos Titanes, Prometeo y Temis, se pusieron del lado de los dioses más jóvenes. Con la guía de Gea, ayudaron a cambiar las tornas a favor de los olímpicos.

Gaia guió a Zeus para que viajara al inframundo y liberara a los Hecantoncheires y a los Cíclopes. Esto liberó finalmente a sus hijos, que se unieron a la batalla. Prometeo diseñó el plan que condujo a la victoria. Los Olímpicos se enfrentaron a los Titanes mientras los Hecantoncheires tendían una emboscada. Zeus atrajo a los Titanes a su trampa con una retirada estratégica. Los Hecantoncheires hicieron llover rocas sobre las cabezas de los Titanes hasta que huyeron. Zeus reclamó el trono del universo y exilió a los Titanes, encerrándolos en el Tártaro. Atlas, sin embargo, se vio obligado a soportar el cielo sobre sus hombros durante toda la eternidad. Esto puso fin a la Titanomaquia, pero no fue realmente el final. Una vez más indignada por el encarcelamiento de sus hijos, Gea dio a luz al terrorífico Tifón. Con sus rayos, Zeus lo derrotó en combate y lo encerró bajo tierra. Se dice que gruñe bajo el volcán del Etna, esperando el momento de resucitar para enfrentarse a Zeus.

La Edad de los Hombres

Al igual que los dioses ascendían y descendían, también lo hacían los que ellos creaban. Los griegos creían que había cinco grandes edades de los hombres y su evolución. Mientras Cronos reinó, creó al hombre y lo hizo perfecto. El pueblo vivía en la eterna primavera y envejecía hacia atrás. Morir era como dormirse, y entonces vagaban por la tierra como fantasmas. Los hombres vivían como dioses y no conocían la tristeza, el dolor ni el trabajo.

Los dioses satisfacían todas sus necesidades y todo era paz. Fue una época de belleza y perfección que terminó con el ascenso de los olímpicos.

El mundo entró entonces en la Era de Plata, en la que Zeus disminuyó la apariencia y la sabiduría del hombre y creó las cuatro estaciones del año. El hombre ya no caminaba en concierto con los dioses y se vio obligado a trabajar y crear refugios. A pesar de ello, los niños conservaron su inocencia y fueron libres de retozar durante los primeros cien años de su vida. Sin embargo, el hombre ya no honraba a los dioses como antes, y Zeus se enfureció. Hizo que la muerte formara parte de sus vidas y decretó que descenderían al Inframundo como espíritus benditos al fallecer.

El trabajo y la agitación aumentaron con la Edad de Bronce. Zeus usó fresnos para formar al hombre. Estos hombres eran terribles y duros. Comían principalmente carne y guerreaban entre ellos. Sus casas y armas eran de bronce, y la lucha consumía toda su existencia. No tenían alma y languidecían en el Inframundo tras la muerte. Finalmente, una gran inundación limpió la tierra de ellos.

Y entonces llegó la Edad de los Héroes. Pandora había tenido una hija llamada Pirra, que se había casado con el hijo de Prometeo, Deucalión. Fueron los únicos supervivientes del diluvio y crearon hombres a partir de piedras para repoblar la tierra. Durante esta época, abundaron los semidioses y el hombre realizó grandes hazañas. Fue en la Edad de los Héroes cuando el hombre se acercó más a lo que era antes. Héroes como Aquiles, Heracles y muchos otros inspiraron a sus semejantes y llevaron a sus pueblos a la victoria sobre sus enemigos con el favor y la ayuda de los Olímpicos. Sin embargo, muchos de estos héroes murieron en guerras o como resultado de sus acciones y arrogancia. Los hombres y mujeres que eran valientes y honraban a los dioses entraban en el paraíso, el Elíseo, cuando morían. Los injustos y los blasfemos eran castigados en el Inframundo.

Por último, estaba la Edad de Hierro. La distancia entre dios y el hombre hizo que el hombre sufriera. Se volvieron más egoístas, codiciosos y tramposos. El hermano se volvió contra el hermano y desapareció toda pretensión de observar la ley. Las virtudes y los propios dioses fueron abandonados. En respuesta, los dioses abandonaron la tierra a su sufrimiento. Y así, el hombre vive en el trabajo y la miseria hasta que Zeus finalmente destruya la raza humana y comience de nuevo.

Prometeo y Pandora

Cuando terminó la Edad de Oro, los hombres se sintieron muy descontentos con los dioses. Murmuraban contra ellos y enseñaban a sus hijos a hacer lo mismo. Enfurecido, Zeus les ocultó el conocimiento del fuego. La humanidad no podría sobrevivir sin este conocimiento, por lo que su existencia se vio amenazada. El Titán Prometeo vio su sufrimiento y se compadeció de ellos. Robó uno de los rayos de Zeus y lo utilizó para enseñar el fuego a los hombres. Zeus se enfureció y encadenó a Prometeo a una roca. Los castigos de Prometeo fueron muchos. Las tormentas le azotaban y el sol quemaba su carne. Un águila aparecía a diario para comerse su hígado, que se regeneraba cada día. Prometeo sufrió este destino durante mil años.

Pero la ira de Zeus no se aplacó. Determinó que el hombre también debía ser castigado por lo que había hecho. Y así, la primera mujer fue creada. Fue modelada en arcilla por Hefesto y dotada de feminidad por Afrodita. Atenea le enseñó artesanía y Hermes, curiosidad y engaño. Los dioses la llamaron Pandora y la consideraron la perfección humana.

También le dieron un frasco -más tarde llamado caja- de "regalos especiales". Sin embargo, le advirtieron que nunca la abriera. Fue entregada a Epimeteo, hermano de Prometeo. A pesar de la advertencia de su hermano de no aceptar nunca regalos de los dioses, Epimeteo se enamoró de la belleza de Pandora y se casó con ella. Al principio, Pandora intentó ser fuerte y mantener la caja cerrada como le habían aconsejado los dioses. Sin embargo, su curiosidad pudo más y abrió la caja. Los resultados fueron devastadores. La muerte, la enfermedad, la envidia, las luchas y muchas otras cosas escaparon para llenar la tierra y traer dolor y angustia a los hombres. Cuando Pandora vio que los males escapaban, cerró la caja. Pero ya era demasiado tarde. Todo había escapado, y sólo la esperanza permanecía atrapada dentro. Zeus quiso que los hombres sufrieran por su falta de respeto a los dioses.

Capítulo 4: Perseo

Acrisio, rey de Argos, fue advertido por el Oráculo de Delfos de que sería asesinado por su nieto. Acrisio había estafado a su hermano gemelo para quedarse con su herencia. Su ambición era grande y no tenía intención de perder su vida ni su reino, así que encerró a su hija, Dánae, en una cámara de bronce bajo tierra, lejos de cualquier hombre que pudiera seducirla. La cámara no tenía ventanas, y el rey pensó que estaba a salvo de la profecía. Sin embargo, su belleza llamó la atención de Zeus. Convertido en una lluvia de oro, se coló en su cámara por una grieta del techo y se acostó con ella. Dánae se quedó embarazada, pero pudo ocultárselo a su padre, que rara vez la visitaba. Cuando por fin llegó, ya había dado a luz. Acrisio se enfureció. Se negó a creer que había recibido la visita del Padre de los Dioses. Cuando Dánae dio a luz, el rey los encerró a ella y a su hijo en un cofre de madera y los arrojó al mar.

Pero los dioses tomaron nota y los guiaron a través de aguas turbulentas hasta la isla de Serifos. El hermano del rey de la isla, Dictys, estaba pescando y el cofre quedó atrapado en su red. El humilde pescador y príncipe llevó a los dos a su casa y crió a Perseo como si fuera suyo. Dictys sabía lo que los seripheanos y su rey pensarían de ellos, así que los ocultó de miradas indiscretas. Pasaron varios años antes de que nadie supiera de su existencia. Su hermano, el rey Polidectes, se enamoró perdidamente de Dánae. La cortejó con palabras y regalos, pero la tímida y protegida princesa rechazó su propuesta. El orgulloso rey se negó a aceptar un no por respuesta. Vio a su hijo Perseo como un obstáculo para conseguir lo que quería y decidió deshacerse de él. Si Perseo desaparecía, razonó, no habría nadie que le impidiera apoderarse de Dánae.

Así que Polidectes ideó un plan. Fingió un compromiso con Hipodamia, princesa de Pisa. En honor a este compromiso, todos los habitantes de Serifos debían regalarle un caballo. Sin embargo, Perseo era extranjero. No tenía caballos ni dinero para comprar uno. Su orgullo le impulsó a ofrecer algo más.

—Pídeme lo que quieras, rey Polidectes —dijo—. Y yo te lo traeré.

Esto hizo sonreír al rey Polidectes. La oferta de Perseo era exactamente lo que pretendía.

—En lugar de un caballo, tráeme la cabeza de Medusa —declaró.

Medusa era una Gorgona, nieta de Gea. A diferencia de sus otras hermanas monstruosas, era una hermosa mortal. Poseidón quedó tan impresionado por su belleza que se acostó con ella en el templo de Atenea. La diosa se indignó y transformó a Medusa en un ser horrible. Su cabello, antes hermoso, se convirtió en serpientes y su mirada convirtió a los hombres en piedra. Le crecieron colmillos y colmillos y se convirtió en la más fea de sus hermanas. Polidetes creyó que enviar a Perseo tras ella sería condenar al joven a la muerte. Sin embargo, él quedaría libre de culpa. Después de todo, Perseo se había ofrecido a traerle al rey todo lo que deseara.

Perseo sabía lo peligrosa que era esta búsqueda, pero no podía negarse. Había dado su palabra. Y así, partió en busca de Medusa. Vagó por la tierra en vano, y finalmente se rindió a la desesperación. Al ver su difícil situación, dos dioses se apiadaron de él y se le aparecieron. La hembra era alta, de ojos grises y solemne, mientras que el macho era travieso y calzaba sandalias aladas.

—Yo soy Atenea y él es Hermes —explicó la mujer—. Hemos venido a ayudarte en tu búsqueda.

—Para encontrar a Medusa, tienes que buscar a sus hermanas, las Graeas; ellas te dirán adónde ir —dijo Hermes.

Hermes le regaló entonces una espada, mientras que Atenea le dio su escudo. Así armado, Perseo partió para hacer lo que le habían aconsejado. Encontró la cueva de las Graeas y se asomó. Las hermanas tenían el pelo gris y hirsuto y compartían un solo diente y un solo ojo. Perseo esperó hasta que una de ellas sacó el ojo para pasárselo a otra. Inmediatamente se levantó y arrebató el ojo.

—No lo devolveré hasta que me digan dónde puedo Medusa —les dijo.

Ellos accedieron.

—Ve a las Ninfas Estigias, ellas te guiarán hasta ella —además de las indicaciones, le dieron el gorro de invisibilidad de Hades, sandalias aladas y una bolsa mágica para guardar a los muertos de Medusa, aunque algunas versiones de la historia sugieren que estos objetos fueron entregados a Perseo por Atenea y Hermes. En cualquier caso, Perseo ya sabía adónde ir y estaba bien armado. Les devolvió la mirada y siguió su camino.

Las ninfas le revelaron la ubicación de Medusa. La encontró junto a sus hermanas durmiendo en una cueva. Perseo utilizó su escudo como reflejo para no mirar a los ojos a la mortal convertida en monstruo. Las sandalias aladas hacían que su avance fuera rápido y silencioso, mientras que el gorro lo hacía invisible. Atenea, aún enfadada con Medusa, guió su mano. De un solo golpe, Perseo cortó la cabeza de Medusa y la metió en la bolsa. Sin embargo, la Gorgona había sido preñada por Poseidón. De su cuello nacieron sus hijos: el guerrero dorado Crisaor y el caballo alado Pegaso. El ruido de su nacimiento despertó a las otras dos Gorgonas. Al ver a su hermana muerta, se lamentaron e intentaron atacar a Perseo. Sin embargo, éste era invisible y no pudieron hacerle daño. Sus gritos eran tan fuertes y lastimeros que incluso la vengativa Atenea se sintió conmovida. Creó el doble tubo -el aulos- para imitar su llanto.

Una vez completada su búsqueda, Perseo emprendió el regreso a casa. Después de mucho tiempo, llegó a donde Atlas sostenía el cielo sobre sus hombros. Agotado y sediento, pidió al Titán comida y cobijo para pasar la noche. Pero a Atlas le habían dicho que un día alguien vendría a engañarle y a robarle sus manzanas. Temeroso de esta profecía, se negó a ayudar a Perseo. Enfurecido, Perseo le arrancó la cabeza a Medusa. Una mirada convirtió al gigante en piedra. Perseo volvió a meter la cabeza en la bolsa y continuó su camino.

Su camino lo llevó a través de Etiopía, donde vio un espectáculo que lo conmocionó. Una hermosa joven estaba encadenada a una roca junto al mar. Perseo se enamoró profundamente de ella. Descubrió que era la princesa Andrómeda y acudió a su padre, el rey Cefo, para pedir su mano. Pero la princesa era una virgen sacrificada para salvar al pueblo. Su madre, la reina Casiopea, había declarado que era más bella que las ninfas del mar, llamadas Nereidas. Estas ninfas eran las pupilas de Poseidón y se quejaban a él con amarga ira. Poseidón escuchó sus quejas y envió al monstruo marino Cetus para que asolara las costas de Etiopía. Desesperado, el rey Cefus pidió ayuda a Zeus. El dios le dijo que la única forma de liberarse era encadenar a la inocente Andrómeda a una roca. Así lo habían hecho, y ahora esperaban a que el monstruo se la llevara.

Tras escuchar la historia, Perseo hizo un trato con el rey. Él rescataría a la princesa y, a cambio, el rey daría su aprobación para que se casaran. El rey Cefeo aceptó. Perseo volvió al mar y esperó a que apareciera Cetus. El monstruo emergió del mar, babeando en espera de su comida. Como había hecho con

Medusa, Perseo le cortó la cabeza y liberó a la princesa. El rey Cefeo cumplió su acuerdo y se alegró de tener un yerno valiente.

Sin embargo, su hermano Fineo no estaba contento. Al principio le habían prometido la mano de Andrómeda y sentía que merecía tenerla ahora que ya no sería sacrificada. Reuniendo a sus aliados, desafió al rey. Esto enfureció a Perseo, que no sólo estaba enamorado de Andrómeda, sino que no creía que quien la rechazara y permitiera que fuera sacrificada tuviera derecho a ella. Dijo al rey Cefeo y a sus aliados que miraran hacia otro lado y luego arrancó la cabeza de Medusa. Todos los que escucharon su advertencia se salvaron, pero Fineo y sus compañeros se convirtieron en piedra. Perseo y Andrómeda ya podían casarse. Lo hicieron felizmente, y Perseo continuó a casa con su nueva esposa.

Finalmente, llegó a la isla de Serifos. Allí se enteró por su padre adoptivo, Dictys, de que su madre era perseguida por Polidectes a pesar de sus muchas negativas. Este acoso a su madre le enfureció. Asaltó el palacio e interrumpió el banquete que el rey Polidectes estaba celebrando con sus asistentes. Una vez más, sacó la cabeza de Medusa y todos los presentes en el comedor se convirtieron en piedra. Quedaron congelados en el acto de comer y Dánae por fin fue libre. Perseo puso entonces a Dictys en el trono como rey de Serifos.

Para entonces, Perseo se había enterado de su herencia. Él, su esposa y su madre viajaron a Argos para hacer las paces con el rey Acrisio. Su abuelo se enteró de su llegada y recordó la profecía de que uno de sus nietos lo mataría. Temiendo por su vida, el rey huyó. Perseo y su familia no tardaron en enterarse de la partida de Acrisio y siguieron su camino. A lo largo de su viaje, el joven héroe oyó hablar de una competición deportiva y viajó hasta allí para competir. Su lanzamiento de disco fue tan potente que voló hacia el público y golpeó a un anciano, matándolo.

Perseo se enteró de que el hombre al que acababa de matar era su propio abuelo..

El trono de Argos pasó a manos de Perseo tras la muerte de su abuelo. Perseo se negó avergonzado y culpable y enterró al viejo rey. Se dirigió a su primo, el rey Megapentes, y le ofreció un trato: él gobernaría Tirinto -que era el reino de Megapentes- y Megapentes gobernaría Argos. El rey aceptó el trato y ambos reinos se intercambiaron. Perseo vivió feliz con Andrómeda. Tuvieron muchos hijos y finalmente fundó el reino de Micenas.

Capítulo 5: Vida y trabajos de Heracles

Los primeros años del héroe más grande de Grecia

El poderoso héroe Heracles fue otro producto del ojo asombrado de Zeus. El dios deseaba a la reina Alcmena, nieta de Perseo, y se acostó con ella disfrazado de su marido, Anfitrión. Sin embargo, su marido también se acostó con ella esa noche y quedó embarazada de gemelos. Hera se enteró de esta infidelidad y se enfureció. Ideó un plan para castigar a Zeus y destruir al niño.

Cuando nacieron los gemelos, fue incapaz de identificar cuál de ellos era el hijo bastardo de su marido. Envió dos serpientes a la cuna donde los bebés yacían juntos. Ambos bebés reaccionaron de forma diferente. Ificles, el gemelo de Heracles, lloró mientras Heracles estrangulaba a ambas serpientes sin dudarlo, demostrando que era hijo de Zeus. A partir de entonces, Hera centró en él su furia celosa.

Su madre, Alcmena, temía la ira de Hera y tomó la difícil decisión de abandonar a su hijo en un campo. Pero Zeus envió a Atenea para que interviniera. La diosa de la sabiduría llevó al bebé ante Hera y le dijo que había rescatado a un niño extraño. A pesar de su naturaleza vengativa, Hera seguía siendo una madre. Tomó a Heracles y lo amamantó. Pero Heracles era fuerte y ansioso, y mordió demasiado fuerte el pezón. El dolor hizo que Hera lo apartara y su leche brotó, creando la Vía Láctea. Atenea cogió al niño y se lo presentó a Alcmena y Anfitrión. El rey y la reina se dieron cuenta de que los dioses protegerían a Heracles y se lo quedaron.

Heracles creció hasta convertirse en un joven fuerte, orgulloso y apasionado. Los que le rodeaban le enseñaron tiro con arco, boxeo, lucha, a conducir carros, escritura, música y esgrima. El centauro Quirón le enseñó sabiduría. De niño, a Heracles no le faltaba de nada y destacaba en todo lo que hacía. Su primer acto heroico se produjo cuando el león Tespio se cebó con los rebaños de Anfitrión y de su vecino, el rey Tespio. Heracles arrancó un olivo del suelo y lo convirtió en un garrote. Garrote en mano, cazó al león durante cincuenta días y lo mató.

El rey Tespio quedó admirado de la fuerza y la valentía del joven príncipe que acababa de alcanzar la madurez. Decidió que su reino sería fuerte si todas sus hijas tuvieran hijos de Heracles. Tespio recibió a Heracles en su casa con honores. Durante las cincuenta noches que Heracles buscó al león, el rey Tespio envió a cada una de sus hijas a dormir con el joven héroe. Heracles era incapaz de distinguir entre las cincuenta hermanas. Creía que dormía cada noche con la misma. Las cincuenta princesas concibieron y dieron a luz a sus hijos.

Tras sus aventuras con el león y las princesas, Heracles continuó su viaje de vuelta a casa. En su camino, se encontró con los Herolds del rey Erginus. Erginus estaba furioso con los tebanos por el asesinato de su padre. Entró en guerra con Tebas y mató a muchos de sus habitantes. Luego les obligó a firmar un tratado por el que debían pagarle cien bueyes al año durante veinte años. Fue durante la recaudación anual de este tributo cuando Heracles se cruzó con los Heroldos. Una vez enterado de su propósito, les cortó las manos, las orejas y las narices. Se las ató al cuello y se las envió a su rey.

—Este es el tributo —les dijo—, Lleva esto de vuelta al rey Erginus.

Esto enfureció aún más al rey, que reunió a su ejército y marchó contra Tebas. Heracles se enfrentó a él y lo derrotó. La defensa de Tebas por parte de Heracles hizo que el agradecido rey Creonte le diera a su hija Megara como esposa. Los dos se casaron y tuvieron varios hijos juntos.

Pero Hera había estado observando y esperando su momento. Al ver a Heracles feliz y aclamado como un héroe, decidió destruirlo una vez más. Esta vez lo golpeó con la locura. Heracles enloqueció y mató a su mujer y a sus hijos. Cuando recobró el sentido, estaba devastado. Decidió suicidarse por culpa y desesperación, pero Teseo, su primo, le convenció de lo contrario.

—El suicidio es la salida del cobarde —le dijo Teseo—. Mucho mejor es vivir y expiar tus pecados.

Así pues, Heracles acudió al Oráculo de Delfos para averiguar qué debía hacer para mostrar su arrepentimiento por sus crímenes y resarcirse. El Oráculo le envió ante su primo, el rey Euristeo.

Los doce trabajos de Heracles

Como castigo, el Oráculo dijo que Heracles debía ser siervo de Euristeo durante doce años. Si durante ese tiempo completaba diez trabajos, se le concedería la inmortalidad. Heracles consideraba que su primo estaba por debajo de él y no estaba contento con lo que se le había ordenado hacer, pero cumplió con lo que dijo el Oráculo. El rey Euristeo también estaba en desacuerdo con su primo. El rey conspiró con Hera para matar a Heracles. Fue con regocijo que le dio a Heracles su primera tarea.

El rey Euristeo declaró que Heracles debía librar a Nemea de un león monstruoso. Hijo de Tifón y Equidna, el león nemeo aterrorizaba a Nemea. El león tomó como rehenes a muchas mujeres, por lo que hombres valientes intentaron rescatarlas.

Sin embargo, cualquiera que entrara en la cueva del león para liberar a las rehenes era asesinado y devorado.

Heracles se encontró con un niño que iba a realizar su primer parto. El niño le pidió que matara al león.

—Se sacrificará un león a Zeus si se mata a la bestia en el plazo de un mes —dijo el muchacho—, de lo contrario, me sacrificaré yo mismo.

Heracles aceptó la petición del muchacho y procedió a cazar al león. Cuando lo encontró, lo llenó de flechas. Desgraciadamente, la piel no podía ser atravesada por ningún objeto punzante. Heracles decidió entonces seguir al león hasta su casa. Allí, bloqueó una entrada y se coló por la otra. Tuvo que tantear en la oscuridad para encontrar al león y, una vez que lo hizo, lo aturdió con su garrote. A continuación, Heracles estranguló al león con sus propias manos. La invencible piel del león le impresionó tanto que decidió utilizarla como armadura. Sin embargo, no tenía forma de quitársela hasta que Atenea le guió en el uso de las garras del león para despellejar a la bestia. Heracles se vistió con la piel del león, utilizó su cuero cabelludo como casco y regresó a casa.

A pesar de ser el Gran Rey de dos países y nieto del gran héroe Perseo, Euristeo era débil y cobarde. Huyó al ver acercarse a su primo, pensando que el león había venido a vengarse de él. Sin embargo, pronto se dio cuenta de que era Heracles quien llevaba la piel del león y le envió a su segunda tarea.

Esta vez, Heracles debía matar a la Hidra de Lerna. Hera había criado al monstruo en un pantano venenoso para que un día matara a Heracles. La bestia tenía una cabeza inmortal y ocho mortales, un total de nueve cabezas. Heracles se cubrió la boca y la nariz para evitar el veneno del pantano y atrajo la atención de la hidra disparando flechas de fuego cerca de su guarida. La bestia cargó contra él y le atacó, pero Heracles consiguió cortarle varias cabezas. Sin embargo, el joven héroe pronto se dio cuenta de que por cada cabeza que cortaba, dos más crecían de los muñones. Heracles se habría rendido a la desesperación, pero no estaba solo. Su sobrino Iolaus (hijo del hermano gemelo de Heracles) estaba con él, y el joven era amado y bendecido por Atenea. Su sabiduría le guió en la elaboración de un plan. Iolaus seguía a Heracles con una antorcha y quemaba los muñones cada vez que Heracles cortaba una de las cabezas de la hidra. Su estratagema funcionó y el monstruo empezó a flaquear.

Pero Hera no había terminado. Envió un cangrejo gigante a la refriega. Heracles no vaciló. Con un pisotón, destruyó a la criatura. Finalmente, sólo quedó la cabeza inmortal de la hidra. Heracles la cortó con una espada de oro regalada por Atenea. Iolaus quemó el muñón y la hidra murió. Sabiendo que la sangre de la hidra era venenosa, Heracles la utilizó para recubrir la punta de sus flechas.

Heracles recibió la orden de su primo de capturar a la cierva de Cerineo. Este ciervo era veloz y amado por Artemisa. Sus pezuñas eran de bronce y su cornamenta de oro. Heracles cazó al animal durante un año antes de capturarlo mientras dormía. Hera pretendía que Artemisa castigara a Heracles con ira por atreverse a secuestrar a su amado ciervo. Sin embargo, cuando ella y su gemelo, Apolo, se presentaron ante Heracles, éste le suplicó perdón y le explicó su tarea y el propósito que había detrás de ella. Artemisa se sintió conmovida y accedió a dejarle marchar con el animal siempre que lo liberara ileso.

A la vuelta de Heracles, Euristeo intentó inmediatamente reclamar para sí el ciervo sagrado. El joven héroe engañó a su primo para que intentara llevar al animal de vuelta al palacio. Cuando Euristeo intentó hacerlo, Heracles soltó al animal y éste corrió de vuelta hacia la diosa.

—Lo siento, primo —fue la excusa de Heracles—, simplemente no fuiste lo suficientemente rápido.

Euristeo intentó una vez más orquestar la muerte de Heracles. Esta vez, lo envió tras el Jabalí de Erymanthia. Este jabalí también era sagrado para Artemisa. En su camino para capturar al jabalí, Heracles se detuvo en la morada de Folo, el centauro, y compartió una comida con él. Heracles llevaba vino fuerte, sin diluir, y todos los centauros bebieron sin aguarlo. Esto los emborrachó tanto que intentaron atacar y matar al héroe. Heracles se defendió disparándoles flechas envenenadas y los supervivientes huyeron a la cueva de Quirón. Heracles estaba tan furioso que los persiguió, disparando aún a ciegas. Una de las flechas alcanzó a su querido mentor, Quirón.

Como primer centauro, Quirón era inmortal, pero el dolor del veneno era insoportable. Suplicó a Zeus que le quitara la inmortalidad y le permitiera cambiar de lugar con Prometeo. Zeus accedió. Heracles no pudo soportar ver cómo su mentor era atormentado por el águila y utilizó una de sus flechas envenenadas para matarla. Quirón le dijo entonces a Heracles cómo capturar al jabalí.

—Simplemente atráelo a la nieve profunda —le aconsejó el sabio centauro.

Heracles así lo hizo y capturó a la criatura con facilidad. Cuando se lo llevó a su primo, el aterrorizado rey se escondió y le dijo a Heracles que se deshiciera del jabalí.

Una vez hecho esto, Euristeo encomendó a Heracles su quinta tarea. En lugar de simplemente intentar matarlo, buscaba humillar al héroe. Así, le ordenó limpiar los establos del rey Augeas en un solo día. Augeas, rey de Elis, tenía una enorme cantidad de caballos sanos, hermosos e inmortales. El estiércol que producían era abundante, pero los establos no habían sido limpiados en tres décadas.

Cuando llegó al palacio del rey Augeas, Heracles pidió una décima parte del ganado del rey si completaba su tarea en el tiempo previsto. El escéptico rey accedió. Heracles desvió inmediatamente dos ríos y los establos quedaron limpios. Por desgracia, el rey Augías se negó a cumplir su parte del trato. Con la ayuda del propio hijo de Augeas, el príncipe Peneo, Heracles llevó al engañoso rey ante los tribunales. El tribunal falló a favor de Heracles, y el rey, enfurecido y deshonrado, desterró al héroe y a su hijo del reino antes incluso de que el tribunal hubiera dado a conocer su decisión. Un furioso Heracles regresó inmediatamente a Elis, mató al rey y puso a Peneo en el trono. Heracles creó entonces los Juegos Olímpicos para celebrar el cumplimiento de su tarea.

La siguiente tarea de Heracles fue matar a los pájaros de Estinfalia. Eran monstruos sagrados para Ares con picos de bronce, plumas metálicas y estiércol venenoso. Eran devoradores de hombres que usaban sus plumas para atacar a sus presas. Los intentos de Heracles por alcanzarlos se vieron obstaculizados por la profundidad del pantano en el que vivían. Sabía que se ahogaría antes de llegar a su guarida. Una vez más, la diosa Atenea acudió en ayuda de su hermanastro mortal. Le dio un cascabel que asustó a los pájaros y los hizo volar. Una vez en el aire, Heracles los derribó con sus flechas envenenadas. Los pájaros supervivientes huyeron a tierras lejanas.

Euristeo encomendó entonces a Heracles la séptima tarea. Esta vez, el héroe debía capturar al toro cretense. Esta bestia había asolado la isla de Creta. Con el permiso del rey Minos, Heracles capturó al toro usando sólo sus manos y se lo llevó a su primo. Euristeo volvió a esconderse y ordenó que la bestia fuera entregada a Hera como sacrificio. Sin embargo, aceptar este sacrificio requeriría que Hera reconociera los éxitos de Heracles, por lo que se negó. Heracles dejó marchar al animal, que vagó hasta otra tierra donde fue capturado y sacrificado a Artemisa y Apolo por Teseo.

El octavo trabajo fue capturar las yeguas de Diomedes. Diomedes, rey de Tracia, había criado a sus caballos con carne humana. Esto los llevó a la locura y desarrollaron la capacidad de respirar fuego. Heracles se dio cuenta de que no podría completar la tarea solo, así que pidió ayuda a varios jóvenes. Robaron los animales, pero fueron perseguidos por el ejército tracio y tuvieron que huir. Heracles dejó las yeguas al cuidado de su amigo Abderus mientras se enfrentaba al ejército. Por desgracia, las yeguas se comieron a Abderus mientras Heracles luchaba contra Diomedes. El héroe, enfurecido, dio de comer al rey de Tracia a las yeguas y luego construyó una ciudad en memoria de su amigo. Comer a su antiguo amo calmó a los caballos y Heracles les ató la boca. Los llevó ante Euriteo, que liberó a las yeguas, ahora pacíficas.

En el siguiente parto influyó la hija de Euristeo, Admete. La princesa deseaba el cinturón que Ares había regalado a la reina Hipólita. Euristeo envió a Heracles para obtener la faja. De camino a las Amazonas, dos de los compañeros de Heracles fueron asesinados por el hijo del rey Minos. Heracles mató a los príncipes y se llevó a dos nietos de Minos para sustituir a sus compañeros caídos. Se dirigió hacia donde vivían las Amazonas. La reina Hipólita, admirada por el héroe, accedió a entregarle el cinturón, a pesar de que era un regalo de su padre. Sin embargo, Hera eligió este momento para atacar de nuevo. Hizo correr el rumor entre las amazonas de que Heracles intentaba secuestrar a su reina. Las guerreras se levantaron en armas contra el héroe y Heracles, pensando que se trataba de un complot de Hipólita, la mató, cogió la faja y se marchó.

El décimo trabajo habría sido el definitivo si Euristeo no se hubiera negado a reconocer dos de las tareas. El cobarde rey ordenó a Heracles que robara el ganado de Gerión. Para llegar hasta el ganado, Heracles tuvo que cruzar el desierto de Libia. El calor minó sus fuerzas y le frustró tanto que disparó una flecha a Helios, dios del sol. El dios quedó prendado de la valentía de Heracles y le ofreció su carro de oro para que lo montara. Heracles llegó a su destino en una noche. Para llegar hasta el ganado, Heracles tuvo que enfrentarse primero a Orthrus, el hermano bicéfalo de Cerbero. El héroe mató al perro de un solo golpe. También mató al pastor, Eurión, que le atacó después de que el perro estuviera muerto. Gerión era un gigante con tres torsos humanos unidos por la cintura. Cuando se enteró de lo que había hecho el héroe, se armó con tres cascos, lanzas y escudos y se enfrentó a Heracles. Un disparo de Heracles le atravesó la frente y lo mató al instante.

Llevar el ganado a Euristeo no fue tarea fácil. Heracles mató a dos hijos de Poseidón que intentaron robarle el ganado. Un toro escapó al mar y nadó hasta Italia, donde pasó a formar parte de los rebaños del rey. Heracles confió el cuidado del resto del ganado al dios Hefesto y buscó al toro desaparecido. Cuando lo encontró, el soberano, Eryx, le retó a un combate de lucha libre. Heracles ganó tres veces seguidas y mató al rey.

Después de reunir todo el ganado, Heracles se enfrentó al siguiente desafío cuando Hera envió un tábano para dispersar el rebaño. Heracles tuvo que volver a reunirlos. La diosa inundó un río y Heracles se vio obligado a utilizar piedras para crear un puente. Finalmente condujo el ganado hasta Euristeo, donde fue sacrificado.

Fue entonces cuando Euristeo anunció que dos de los trabajos no eran válidos.

—Hiciste que Iolaus te ayudara con la hidra y aceptaste un pago por limpiar los establos del rey Augeas. Los dos ríos limpiaron por ti —declaró el cobarde rey.

Así pues, Heracles se vio obligado a realizar otra tarea más. Esta vez, Euristeo le ordenó robar tres manzanas de oro del jardín de las Hespérides. Estas ninfas eran las hijas de Atlas y estaban asociadas con la puesta de sol. Su jardín se encontraba muy al oeste. Para obtener su ubicación exacta, Heracles se agarró a Nereo y luchó con él. Nereo era hijo de Gea. Era conocido como "El Viejo del Mar" y tenía el don de la profecía y la capacidad de cambiar de forma. Heracles se aferró a Nereo a pesar de que el dios cambiaba de forma. Finalmente, el dios del mar cedió y le contó a Heracles lo que quería saber.

El viaje de Heracles fue interrumpido por Anteo, el hijo medio gigante de Gea y Poseidón. Durante su lucha, Heracles se dio cuenta de que Anteo sacaba fuerzas de la tierra y se volvía invencible. Para contrarrestarlo, el héroe levantó a Anteo del suelo y lo aplastó con sus brazos hasta matarlo. Tras esto, Heracles encontró por fin el jardín. Sin embargo, el jardín estaba protegido y Heracles tuvo dificultades para recuperar las manzanas de oro. Convenció a Atlas para que aceptara un trato: Heracles sostendría el cielo mientras Atlas recogía las manzanas. Sin embargo, Atlas pretendía traicionar al héroe. El titán decidió dejar a Heracles con su carga y llevar él mismo las manzanas a Euristeo. Heracles fingió estar de acuerdo, pero le pidió una cosa.

—Si pudieras sostener el cielo una vez más durante unos instantes, me gustaría ajustar mi capa —dijo.

Atlas accedió y se echó de nuevo el cielo al hombro. Pero Heracles no tenía intención de quedarse. Recogió las manzanas y siguió su camino.

Y por fin, Heracles había llegado a su última labor. Euristeo le encargó capturar a Cerebero, el perro de tres cabezas que custodiaba el Inframundo. Heracles tuvo que aprender primero los Misterios Eleusinos, que le enseñaron a viajar entre los reinos de los vivos y los muertos. Cuando llegó a la entrada del Hades, los dioses acudieron en su ayuda. Atenea y Hermes le ayudaron a entrar en el Inframundo. Una vez allí, Heracles luchó con Caronte para cruzar el río Aqueronte.

En el inframundo, Heracles se encontró con Teseo y Pirithous, que habían sido encadenados mágicamente a sillas como castigo por intentar robar a Perséfone. Pudo salvar a Teseo (aunque el muslo de Teseo permaneció pegado a la silla) pero no pudo salvar a Pirítoo (Hades se negó a permitirle salir porque deseaba a Perséfone). Tras rescatar a su primo, el héroe continuó hasta presentarse ante Hades y pedirle que le permitiera tomar prestado a Cerebero.

El dios accedió.

—Sin embargo, debes llevártelo tú mismo, sin usar armas.

El monstruoso perro guardián no fue rival para Heracles y pronto se vio transportado desde el inframundo hasta el palacio de Euristeo. El cobarde rey volvió a esconderse y ordenó que Cerebero fuera devuelto al Hades. También, finalmente, liberó a Heracles de todos sus trabajos.

Este no fue el final de las aventuras de Heracles. Se enfrentó a muchas pruebas, derrotó a hombres y monstruos y viajó por todas partes.

La muerte de Heracles

Heracles acabó casándose con una mujer llamada Deianira. Era de una belleza exquisita, y el centauro Neso intentó violarla. Heracles la salvó disparando al centauro con una de sus flechas envenenadas. Con su último aliento, el centauro le dijo que mezclara su sangre con aceite de oliva y la usara para que su marido le fuera fiel para siempre. La ingenua reina le creyó y tomó su sangre. Con el tiempo, Heracles se enamoró de otra mujer. Deianira recordó las palabras del centauro, mezcló la sangre con aceite de oliva y la untó en la camisa de Heracles. Se la envió y él se la puso. La toxina de la hidra en la sangre de Neso quemó a Heracles en cuanto se puso la camisa. El dolor era tan increíble que construyó una pira, se subió a ella y rogó a los que le rodeaban que la encendieran. Un transeúnte lo hizo a cambio de su arco y sus flechas. Heracles murió y ascendió al Olimpo como dios.

Capítulo 6: Teseo

Los seis trabajos de Teseo

A pesar de tener dos esposas, Egeo, rey de Atenas, se encontró sin heredero. Como hacían los hombres de la época, acudió al Oráculo de Delfos en busca de consejo. Sin embargo, la profecía que le dieron fue críptica. El rey Egeo pidió ayuda a Piteo, rey de Troezen. El astuto rey comprendió de inmediato la profecía y planeó que su hija, Aethra, se acostara con Egeo. Sin embargo, Poseidón también se acostó con la princesa esa misma noche. Pronto quedó embarazada. El rey Egeo decidió volver a casa, pero le advirtió que no le contara al niño su herencia.

—Si el niño es varón, muéstrale esta roca donde dejaré mis regalos. Si puede recuperarlos, envíamelo para que sepa que es el heredero de mi reino.

Ya fuera hijo del rey Egeo o del mismísimo Poseidón, Teseo se convirtió en un hombre valiente y poderoso. Sus aventuras comenzaron cuando alcanzó la madurez. Ese día, su madre le mostró la piedra que Egeo había dejado.

—Bajo esta piedra —le dijo—, hay regalos de tu padre. Si eres lo bastante fuerte para levantarla y recuperar estos regalos, podrás viajar para estar con él.

Teseo levantó la piedra con entusiasmo y descubrió las sandalias y la espada escondidas debajo. Al ver que era lo bastante mayor y fuerte, su madre le aconsejó que entregara los objetos al rey Egeo de Atenas.

—Si lo haces, sabrás algo de tu padre —le dijo.

Teseo partió inmediatamente en su búsqueda. Sin embargo, el viaje no fue tan sencillo como había previsto. Su camino le llevó a la morada de Perifetes, hijo de Hefesto. Era cojo de una pierna y sólo tenía un ojo. A pesar de ello, atacaba y golpeaba salvajemente a cualquier viajero que se cruzara en su camino. Luego se apoderaba de todas sus posesiones. Por desgracia para el bandido, cuando intentó matar a Teseo con su garrote de bronce, el héroe se lo arrebató y lo mató a golpes. Teseo se quedó entonces con el garrote.

En sus viajes, Teseo conoció a otro ladrón, Sinis. Conocido como el doblador de pinos, Sinis ataba a un hombre entre dos pinos doblados y luego lo soltaba. Cuando los pinos volvían a su posición original, el hombre era brutalmente partido en dos. Teseo lo venció rápidamente y le dio el mismo destino que a los que había matado. El héroe fue aún más lejos y se acostó con la hija de Sinis, a la que dejó embarazada.

Teseo fue a la tierra de Crommyon, donde se encontró con la Cerda Crommyonian. La cerda salvaje había aterrorizado la tierra y Teseo la mató. Después de esto, Teseo se encontró con otro ladrón, Escirón. Escirón era conocido por obligar a los viajeros a lavarle los pies. Cuando se agachaban para hacerlo, los arrojaba al mar de una patada, donde eran devorados por la tortuga gigante que aguardaba hambrienta en el fondo. Una vez más, Teseo hizo justicia poética. Cuando Escirón se disponía a patearlo, Teseo agarró al ladrón y lo arrojó por el acantilado. La tortuga no dudó en comérselo.

Cuando Teseo llegó a Eleusis, se encontró con el rey Cerción. El rey era conocido por retar a los viajeros a un combate de lucha a muerte. Sin embargo, Teseo era más hábil que el rey y lo tiró al suelo con tanta fuerza que murió. Una vez más, Teseo se acostó con la hija del hombre al que había matado.

El último obstáculo que Teseo encontró antes de llegar a Atenas fue Procusto. Procrustes parecía un hombre amable y hospitalario. Siempre que pasaba un viajero, le ofrecía una cama para pasar la noche. Sin embargo, a cualquier viajero que aceptaba y se acostaba, Prócrates pronto lo hacía caber en la cama. Les cortaba las piernas con un hacha si eran demasiado altos o se las alargaba a martillazos si eran demasiado bajos. Como con los demás, Teseo le venció. Y aunque Procusto encajaba perfectamente en la cama, el héroe le cortó las piernas y la cabeza.

Tras su largo y problemático viaje, el joven príncipe llegó por fin a Atenas. Sin embargo, para entonces, Egeo se había vuelto a casar con la hechicera Medea. Ésta reconoció rápidamente a Teseo y lo vio como una amenaza para su hijo, al que consideraba el futuro rey de Atenas. Medea ya había demostrado ser despiadada y sanguinaria al asesinar a sus dos hijos con el héroe Jasón, en venganza porque éste la había abandonado por otra mujer. Convenció a Egeo de que este extraño joven era un peligro para él y convenció al rey para que lo enviara tras el toro de Maratón. Este toro había sido conocido anteriormente como el Toro Cretense, que Heracles había capturado como uno de sus trabajos. Al igual que su primo, Teseo consiguió cazar y capturar al animal. Lo llevó ante Egeo y Medea antes de sacrificarlo a los dioses gemelos Artemisa y Apolo.

Pero Medea no se amilanó. Intentó envenenar al joven príncipe durante un banquete. Por suerte, el rey Egeo reconoció sus sandalias y su espada y adivinó la intención de su esposa. El rey arrancó inmediatamente el vino de las manos de su hijo y desterró a Medea. Egeo dio la bienvenida a su hijo y lo nombró heredero del trono de Atenas.

Teseo y el Minotauro

Teseo no llevaba mucho tiempo en Atenas cuando descubrió el tributo que debían pagar al rey Minos de Creta. Cada año, siete doncellas y siete guerreros eran enviados al laberinto de Creta, donde eran devorados por el Minotauro. El rey cretense había impuesto este impuesto como castigo por el asesinato de sus hijos a manos de los atenienses.

Ahora, este Minotauro era el producto de la esposa del rey Minos, Pasiphae, y el toro cretense. La reina había sido maldecida para desear al toro y se había acostado con él en secreto. El resultado fue un niño con cuerpo humano y cabeza de hombre. Minos, avergonzado, había encargado al gran inventor Dédalo que construyera un laberinto para guardar al Minotauro.

Tras enterarse del tributo, Teseo rogó a su padre que le permitiera estar entre los guerreros elegidos para el sacrificio.

—Mataré al Minotauro y liberaré a nuestro pueblo.

Egeo accedió con una condición.

—Prométeme que si partes de regreso, ondearás velas blancas en tu barco —le dijo el rey—. Así veré los barcos navegando de vuelta desde la distancia y sabré que mi precioso hijo está vivo.

Teseo aceptó y partió con el resto de los tributos. Cuando llegaron a Creta, declaró audazmente al rey Minos que mataría al monstruo del laberinto. Minos se burló de su afirmación. Sin embargo, la valentía y nobleza de Teseo llamaron la atención de la princesa Ariadna. Se enamoró profundamente de él y decidió ayudarle en su búsqueda. La princesa rogó a Dédalo que le contara el secreto para navegar por el laberinto. El inventor lo hizo y le dio un ovillo de hilo que ella entregó a Teseo.

—Deja que se desenrede mientras avanzas por el laberinto. Te ayudará a encontrar la salida —le dijo al joven héroe.

Teseo aceptó el hilo y se sumergió en las profundidades del laberinto. Encontró al Minotauro en el centro y lo mató tras una breve batalla. El héroe salió entonces del laberinto siguiendo el hilo. Cogió a la princesa, reunió a sus hombres y huyó. Como había prometido a cambio de su ayuda, Teseo se casó con Ariadna durante una de sus breves paradas en una isla.

Pero el matrimonio de Teseo y Ariadna estaba destinado a terminar tan rápido como había comenzado su amor. Mientras la princesa dormía, Teseo y sus hombres abordaron su barco y la abandonaron. Se despertó sola y desolada. Sin embargo, el dios Dioniso se había enamorado de ella y acudió en su ayuda. La convirtió en su esposa y se la llevó al Olimpo a vivir con él.

Teseo, mientras tanto, siguió navegando hacia su casa. En medio de la emoción, olvidó la promesa que le había hecho a su padre. El afligido rey vio las velas negras del barco y se arrojó a la muerte. Lo que habría sido un feliz regreso a casa para Teseo se convirtió en uno de dolor. El joven héroe fue coronado rey en lugar de su padre.

La muerte de Teseo

Aunque Teseo fue un gran rey que logró muchas cosas, la elección de sus amigos y sus relaciones con las mujeres acabaron llevándole a la perdición. Se hizo amigo del rey Pireto y ambos viajaron a las Amazonas para conseguir esposas. La esposa de Teseo le dio un hijo llamado Hipólito. Sin embargo, Teseo se cansó de ella y se casó con Fedra, la hermana de Ariadna. Fedra se enamoró de Hipólito, pero éste la rechazó. En venganza, le contó a Teseo que su hijo la había violado. Teseo, furioso, maldijo a su hijo e Hipólito acabó muerto por sus caballos. Fedra se ahorcó.

Teseo empezó a buscar otra esposa. Pireto y Teseo decidieron que, como hijos de dioses, merecían casarse con hijas de dioses. Teseo eligió a la joven Helena de Troya y la secuestró. Entregó la niña a su madre para que la criara hasta que estuviera en edad de casarse, pero el hermano de Helena la rescató. A pesar de la pérdida de Helena, Teseo aceptó viajar al inframundo para capturar a Perséfone y que Pirítoo pudiera casarse con ella. Fracasaron y fueron castigados por su crimen.

Teseo permaneció en el inframundo durante muchos años antes de ser liberado por Heracles. Regresó a Atenas y descubrió que se había elegido un nuevo gobernante. Este gobernante no estaba dispuesto a renunciar a su trono, por lo que Teseo huyó a Esciros, donde el rey Licomedes le dio la bienvenida. Pero Licomedes era partidario del nuevo gobernante de Atenas. Mientras pretendía dar a Teseo una vuelta por la isla, Licomedes empujó al héroe por un acantilado.

Conclusión

Para los antiguos griegos, la mitología griega era algo más que historias. Eran hojas de ruta que les enseñaban cómo vivir y cómo rendir culto. Formaba su religión, dirigía sus vidas y les ayudaba a comprender el mundo que les rodeaba. Los griegos no eran proclives a los textos religiosos acartonados. Acogían con agrado a los narradores de historias que contribuían a su comprensión de los dioses.

Los griegos creían en muchos dioses. De los cientos que veneraban, catorce constituían la piedra angular de su religión. Doce de ellos eran conocidos como los Olímpicos, liderados por Zeus, el dios del trueno y la justicia. Estos dioses no eran perfectos. Eran violentos, lujuriosos, caprichosos y crueles. Se inmiscuían en los asuntos de los hombres, se acostaban con innumerables mujeres y poblaban la tierra de semidioses y monstruos. Los griegos creían que deshonrar a los dioses o no honrarlos lo suficiente acarreaba horribles consecuencias.

Además de los dioses, los griegos contaban muchas historias sobre héroes. Estos héroes eran a menudo hijos de los dioses y realizaban grandes hazañas. Se les consideraba ejemplos de seres humanos fuertes y valientes. Sin embargo, muchos de estos héroes sufrieron destinos trágicos debido a su orgullo y falta de respeto por los dioses. Los griegos aprendieron tanto de los defectos de los héroes como de sus logros.

Hoy en día, la mitología griega está muy presente en la sociedad moderna. Está presente en la medicina, la filosofía, la astrología y el lenguaje. Las historias se han contado de innumerables maneras. Las intrincadas y bellas historias de la mitología griega arrojan luz sobre la mentalidad de un pueblo antiguo, al tiempo que capturan la imaginación de la sociedad actual.

Referencias

Adkins, A. & Pollard, J.R.T. (2020). Greek religion. Encyclopedia Britannica. https://www.britannica.com/topic/Greek-religion

Ancient Greek myth for kids: The gift of fire - Zeus & Prometheus - Ancient Greek myth for kids (s.f.) https://greece.mrdonn.org/greekgods/prometheus.html

Aphrodite (2014). Greek Gods & Goddesses. https://greekgodsandgoddesses.net/goddesses/aphrodite/

Apollo (2014). Greek Gods & Goddesses. https://greekgodsandgoddesses.net/gods/apollo/

Ares (2014) Greek Gods & Goddesses. https://greekgodsandgoddesses.net/gods/ares/

Artemis (2014). Greek Gods & Goddesses. https://greekgodsandgoddesses.net/goddesses/artemis/

Athena (2014) Greek Gods & Goddesses. https://greekgodsandgoddesses.net/goddesses/athena/

Atsma, A.J. (s.f.) Chiron (Kheiron) – elder centaur of Greek Mythology. https://www.theoi.com/Georgikos/KentaurosKheiron.html

Atsma, A.J. (s.f.) Pasiphae- Greek goddess and witch – queen of Crete. https://www.theoi.com/Titan/Pasiphae.html

Atsma, A.J. (s.f.). CHARON (Kharon) - ferryman of the dead, underworld daemon of Greek mythology https://www.theoi.com/Khthonios/Kharon.html

Atsma, A.J. (s.f.). Echidna (Ekhidna) – serpent-nymph mother of monsters in Greek mythology. https://www.theoi.com/Ther/DrakainaEkhidna1.html

Britannica, T. Editors of Encyclopaedia (2007). Aeacus. Encyclopedia Britannica. https://www.britannica.com/topic/Aeacus

Britannica, T. Editors of Encyclopaedia (2019). Hephaestus. Encyclopedia Britannica. https://www.britannica.com/topic/Hephaestus

Britannica, T. Editors of Encyclopaedia (2020). Aphrodite. Encyclopedia Britannica. https://www.britannica.com/topic/Aphrodite-Greek-mythology

Britannica, T. Editors of Encyclopaedia (2020). Demeter. Encyclopedia Britannica. https://www.britannica.com/topic/Demeter

Britannica, T. Editors of Encyclopaedia (2020). Hera. Encyclopedia Britannica. https://www.britannica.com/topic/Hera

Britannica, T. Editors of Encyclopaedia (2020). Theseus. Encyclopedia Britannica. https://www.britannica.com/topic/Theseus-Greek-hero

Britannica, T. Editors of Encyclopaedia (2021). Athena. Encyclopedia Britannica. https://www.britannica.com/topic/Athena-Greek-mythology

Britannica, T. Editors of Encyclopaedia (2021). Hades. Encyclopedia Britannica. https://www.britannica.com/topic/Hades-Greek-mythology

Britannica, T. Editors of Encyclopaedia (2021). Heracles.
    Encyclopedia Britannica.
    https://www.britannica.com/topic/Heracles

Britannica, T. Editors of Encyclopaedia (2021). Hestia.
    Encyclopedia Britannica.
    https://www.britannica.com/topic/Hestia

Britannica, T. Editors of Encyclopaedia (2021). Odysseus.
    Encyclopedia Britannica.
    https://www.britannica.com/topic/Odysseus

Britannica, T. Editors of Encyclopaedia (2021). Poseidon.
    Encyclopedia Britannica.
    https://www.britannica.com/topic/Poseidon

Britannica, T. Editors of Encyclopaedia (2021). Prometheus.
    Encyclopedia Britannica.
    https://www.britannica.com/topic/Prometheus-Greek-
    god

Britannica, T. Editors of Encyclopaedia (2021). Typhon.
    Encyclopedia Britannica.
    https://www.britannica.com/topic/Typhon

Britannica, T. Editors of Encyclopaedia (2021). Zeus.
    Encyclopedia Britannica.
    https://www.britannica.com/topic/Zeus

Cartwright, M. (2012). Achilles. World History Encyclopedia.
    https://www.worldhistory.org/achilles/

Cartwright, M. (2012). Perseus. World History Encyclopedia.
    https://www.worldhistory.org/Perseus/

Cartwright, M. (2016). Theseus. World History Encyclopedia.
    https://www.worldhistory.org/Theseus/

Cartwright, M. (2018). Ancient Greek religion. World History Encyclopedia. https://www.worldhistory.org/Greek_Religion/

Demeter (2014). Greek Gods and Goddesses. https://greekgodsandgoddesses.net/goddesses/demeter/

Dionysus (2014). Greek Gods and Goddesses. https://greekgodsandgoddesses.net/gods/dionysus/

Echidna, (2017). Greek Gods & Goddesses. https://greekgodsandgoddesses.net/myths/echidna/

Gill, N.S. (2021). Hesiod's Five Ages of Man. https://www.thoughtco.com/the-five-ages-of-man-111776

GreekBoston.com (s.f.). What are the six labors of Theseus https://www.greekboston.com/culture/mythology/six-labors-theseus/

GreekMythology.com, T. Editors of Website (2015). Hector. GreekMythology.com Website. https://www.greekmythology.com/Myths/Mortals/Hector/hector.html

GreekMythology.com, T. Editors of Website (2021) Perseus. GreekMythology.com Website. https://www.greekmythology.com/Myths/Heroes/Perseus/perseus.html

GreekMythology.com, T. Editors of Website (2021). Aeacus. GreekMythology.com Website. https://www.greekmythology.com/Myths/Mortals/Aeacus/aeacus.html

GreekMythology.com, T. Editors of Website (2021). Aphrodite. GreekMythology.com Website.

https://www.greekmythology.com/Olympians/Aphrodite/aphrodite.html

GreekMythology.com, T. Editors of Website (2021). Apollo. GreekMythology.com Website. https://www.greekmythology.com/Olympians/Apollo/apollo.html

GreekMythology.com, T. Editors of Website (2021). Ares. GreekMythology.com Website. https://www.greekmythology.com/Olympians/Aris/aris.html

GreekMythology.com, T. Editors of Website (2021). Artemis. GreekMythology.com Website. https://www.greekmythology.com/Olympians/Artemis/artemis.html

GreekMythology.com, T. Editors of Website (2021). Athena. GreekMythology.com Website. https://www.greekmythology.com/Olympians/Athena/athena.html

GreekMythology.com, T. Editors of Website (2021). Demeter. GreekMythology.com Website. https://www.greekmythology.com/Other_Gods/Demeter/demeter.html

GreekMythology.com, T. Editors of Website (2021). Dionysus. GreekMythology.com Website. https://www.greekmythology.com/Other_Gods/Dionysus/dionysus.html

GreekMythology.com, T. Editors of Website (2021). Hades. GreekMythology.com Website. https://www.greekmythology.com/Olympians/Hades/hades.html

GreekMythology.com, T. Editors of Website (2021). Hephaestus. GreekMythology.com Website. https://www.greekmythology.com/Olympians/Hephaest us/hephaestus.html

GreekMythology.com, T. Editors of Website (2021). Hera. GreekMythology.com Website. https://www.greekmythology.com/Olympians/Hera/her a.html

GreekMythology.com, T. Editors of Website (2021). Heracles. GreekMythology.com Website. https://www.greekmythology.com/Myths/Heroes/Hera cles/heracles.html

GreekMythology.com, T. Editors of Website (2021). Hermes. GreekMythology.com Website. https://www.greekmythology.com/Olympians/Hermes/ hermes.html

GreekMythology.com, T. Editors of Website (2021). Hestia. GreekMythology.com Website. https://www.greekmythology.com/Olympians/Hestia/h estia.html

GreekMythology.com, T. Editors of Website (2021). Jason. GreekMythology.com Website. https://www.greekmythology.com/Myths/Heroes/Jason /jason.html

GreekMythology.com, T. Editors of Website (2021). Labours of Heracles. GreekMythology.com Website. https://www.greekmythology.com/Myths/The_Myths/L abours_of_Heracles/labours_of_heracles.html

GreekMythology.com, T. Editors of Website (2021). Orpheus. GreekMythology.com Website.

https://www.greekmythology.com/Myths/Mortals/Orph
eus/orpheus.html

GreekMythology.com, T. Editors of Website (2021). Perseus.
GreekMythology.com Website.
https://www.greekmythology.com/Myths/Heroes/Perse
us/perseus.html

GreekMythology.com, T. Editors of Website (2021). Poseidon.
GreekMythology.com Website.
https://www.greekmythology.com/Olympians/Poseidon
/poseidon.html

GreekMythology.com, T. Editors of Website (2021). Sirens.
GreekMythology.com Website.
https://www.greekmythology.com/Myths/Creatures/Sir
ens/sirens.html

GreekMythology.com, T. Editors of Website (2021). The
Creation. GreekMythology.com Website.
https://www.greekmythology.com/Myths/The_Myths/T
he_Creation/the_creation.html

GreekMythology.com, T. Editors of Website (2021). Theseus.
GreekMythology.com Website.
https://www.greekmythology.com/Myths/Heroes/These
us/theseus.html

GreekMythology.com, T. Editors of Website (2021). Zeus.
GreekMythology.com Website.
https://www.greekmythology.com/Olympians/Zeus/zeu
s.html

Hades (2014) Greek Gods & Goddesses.
https://greekgodsandgoddesses.net/gods/hades/

Hephaestus (2014). Greek Gods & Goddesses.
https://greekgodsandgoddesses.net/gods/hephaestus/

Heracles (2020). Livius.
https://www.livius.org/articles/mythology/heracles/

Heracles in Greek Mythology (s.f.)
https://www.greeklegendsandmyths.com/heracles.html

Hermes (2014). Greek Gods & Goddesses.
https://greekgodsandgoddesses.net/gods/hermes/

Hestia (2014) Greek Gods & Goddesses.
https://greekgodsandgoddesses.net/goddesses/hestia/

History.com Editors (2009). Greek mythology.
https://www.history.com/topics/ancient-history/greek-mythology

Hunt, J.M. (s.f.)
https://www.desy.de/gna/interpedia/greek_myth/creation.html#:~:text=From%20Love%20came%20Light%20and,to%20man%20out%20of%20darkness

Madeleine (2019). Jason Greek: Who is Jason in Greek mythology. https://www.theoi.com/articles/jason-greek-who-is-jason-in-greek-mythology/

Myth of Perseus and Andromeda - Greek myths (s.f.)
https://www.greeka.com/greece-myths/perseus-andromeda/

Myth of Theseus, the legendary king of Athens (s.f.).
https://www.greeka.com/attica/athens/myths/theseus/

Pandora's box, the Greek myth of Pandora and her box (s.f.)
https://www.greekmyths-greekmythology.com/pandoras-box-myth/

Poseidon (2014). Greek Gods & Goddesses.
https://greekgodsandgoddesses.net/gods/poseidon/

Quartermain, C. (2019). Suitors of Helen in Greek mythology.
    https://owlcation.com/humanities/Suitors-of-
    Helen#:~:text=Other%20notable%20names%20that%2
    0appear,brother%20to%20Ajax%20the%20Great

The creation of the Milky Way in Greek mythology (s.f.)
    https://www.greeklegendsandmyths.com/the-milky-
    way.html

The Greek gods: Full list and background (2020).
    https://greektraveltellers.com/blog/the-greek-gods

The labors of Theseus (2020).
    https://www.greeklegendsandmyths.com/labours-of-
    theseus.html

The myth of Theseus and the Minotaur (s.f.)
    https://www.greekmyths-greekmythology.com/myth-of-
    theseus-and-minotaur/

The Sirens in Greek mythology (s.f.)
    https://www.greeklegendsandmyths.com/the-
    sirens.html

Theseus and the Minotaur- Greek mythology (s.f.)
    https://sites.google.com/site/basicgreekmythology/hero
    -s/theseus/theseus-and-the-marathonian-bull

Typhon-the father of all monsters (2017). Greek Gods and
    Goddesses.
    https://greekgodsandgoddesses.net/gods/typhon/

www.ingramcontent.com/pod-product-compliance
Lightning Source LLC
Chambersburg PA
CBHW070939120626
46546CB00004B/1472